凡·高的秘密

[荷] 莉丝贝瑟·欣克 著
何积惠 译

VAN GOGH'S SECRET

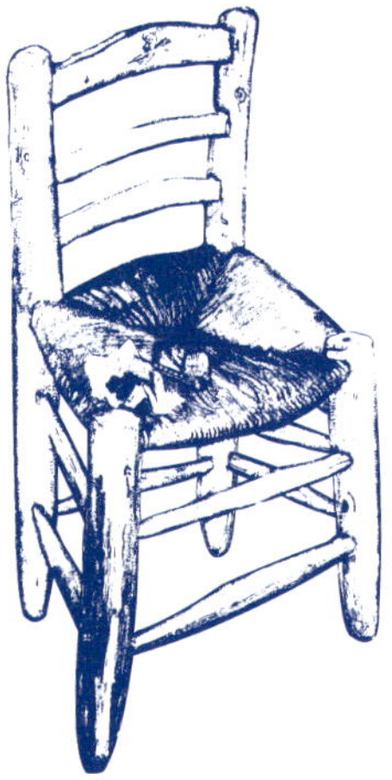

上海书画出版社

目录

如神话般扑朔迷离的凡·高是流行文化中一个频繁出现的灵感源泉，赫然出现在电影、电视、漫画、游戏、应用程序和图书诸领域。他的人生与创作激发了一首广受喜爱的歌曲，使相关画商和私人收藏家转眼变为百万富翁，也给学者、文物修复师、博物馆工作人员和作家提供了谋生之道。但最重要的是，他所留下的经得起时间考验的全部作品，至今与世界各地的人们保持着对话。他作为一名非凡的艺术家，以这种或那种方式影响到如此多人的生活，可谓是前无古人。

凡·高的书信大多被保存了下来，它们对他一跃成为饮誉画坛的艺术翘楚起到了推波助澜的作用。这些文献档案蕴含着他对人类行为、宗教和伦理问题，最重要的是对他自己与别人艺术创作的思索。通过这些书信，我们得以熟识凡·高的弟弟、知己、亲密伙伴和资助人提奥（Theo），此人有时需要通过悄悄的操控才会顺从文森特·凡·高的意志。

在文森特·凡·高辞世后的几个月里，他的部分书信开始在法国艺术与文化杂志《法兰西信使》（*Mercure de France*）上发表。这些书信是《凡·高的秘密》这本书撰写的主要依据。这本书继一篇导读后，聚焦于凡·高人生中的三个不同侧面：他的内心抗争、他与女性的关系以及他的经济情况。

“凡·高的内心抗争”聚焦于艺术家的人生，以及他对工作和精神疾病所持的态度上。书信生动地传达了他经历的艰难困苦。虽然他明知什么样的画作卖得出去，却无视当代人的艺术鉴赏趣味，继续绘制他自认为纯正、“诚实”的画作。他不奢望购买艺术品的公众能理解他貌似粗拙的作品。凡·高承认身为艺术家是一场艰巨的战斗，但又相信一个人无论在生活抑或事业上都会从逆境中受益。“不经过战斗就没有胜利，没有哪一场战斗是不经历磨难的。”

身为一名艺术家常常需要作出牺牲，但很少有艺术家像文森特·凡·高那样饱受贫穷、孤独和厄运的煎熬。鉴于他的坎坷命运，包括在经济上依附弟弟，没能卖出一幅画和几乎得不到认可的挫折，他的成就是绝对令人惊叹的。“凡·高的内心抗争”并非关于文森特·凡·高的艺术，而是关于他既是艺术家又是普通人的人生。

“凡·高与爱情”讲述凡·高渴望爱情与家庭生活的故事，对艺术家鲜为人知的罗曼史作了一番调查。或许可以想象如文森特那样的艺术家，其所选择女伴的标准是有悖社会习俗的。他偏爱与更成熟的女性为伴，寻求与那些被视为不般配的女性共谱浪漫恋曲。

他对爱情与家庭生活的渴望，同他的艺术实践密切关联。女性不仅可以充当模特儿给予他实际帮助，还为他提供了透彻理解爱情、温情和同情等不同情感的机会。画家必须潜心于表现题材，通过作品正确地表达情感。

“凡·高与爱情”聚焦于凡·高与四位引人注目的女性间发生的恋情。始于凯依（Kee）光顾凡·高在埃滕（Etten）的家，成为他人生中的至爱和“非她莫属”的心仪对象，但随之而来的却是不幸和痴狂；然后在海牙的街头，文森特在那里感受到和西恩（Sien）及其孩子在一起过家庭生活的乐趣；接着，读者从那里被带到狂放不羁的巴黎艺术圈和阿戈斯蒂娜（Agostina）的咖啡酒馆，屋内墙壁上悬挂着凡·高的画作；中间又穿插了在尼厄嫩（Nuenen）与玛尔戈（Margot）的相遇，这段注定没结果的恋情以她在绝望中自杀未遂而告终。“凡·高与爱情”追溯了他寻求爱情直到遭遇悲剧性结局的经历，对他终生不渝地渴望女性与家庭而又最后未能满足的愿望作了详述。

“凡·高与金钱”聚焦于凡·高的钱财事务。文森特以极致地体现“贫穷艺术家”这一观念而著称，生前几乎没能出售过什么画作。他的书信述说着长久以来的一贫如洗和由此给艺术实践带来的困难。正如他经常会发现的，颜料、画布和模特儿并不便宜。可是，为了创造惊世杰作而牺牲身体健康使他感到非常幸福。“凡·高与金钱”追溯了文森特绘画生涯中的两个决定性时期：他在海牙和阿尔勒（Arles）度过的时光。他在这两个阶段都得到弟弟提奥的资助，而每个月寄给他的津贴似乎是永远不够花销的。对弟弟如此依附，使文森特深感歉疚。

我们从文森特的书信中得以深入洞察他的财务私事，因为兄弟俩经常会在通信中谈到钱的话题。本章从更加细致入微的角度介绍了文森特身为“贫穷艺术家”的际遇，因为凡·高的处境与众多同行相比，事实上是相当幸运的。不管文森特从弟弟那里收到的钱款实际数额有多少，他显然是由于自己的雄心壮志而陷入贫困的。

本书引述了很多具有启发性的原始档案材料，又融合了风趣轻松的表述风格。希望读者通过阅读本书，能更好地理解和欣赏文森特的作品，进一步洞悉这个潜藏在那些不朽名作背后的男人。

莉丝贝瑟·欣克

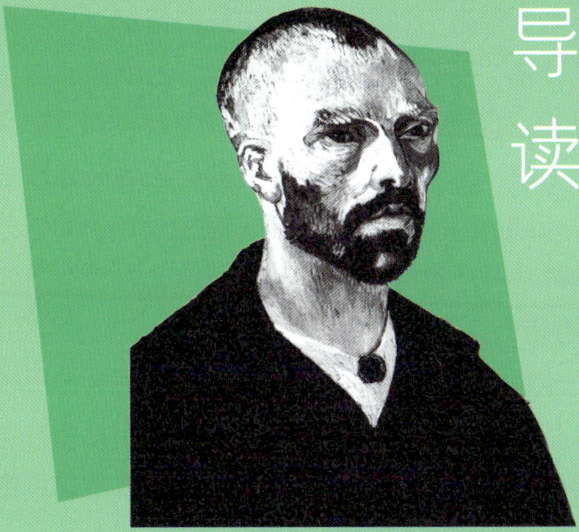

导读

悲剧与成功

身为一名艺术家，文森特·凡·高（Vincent van Gogh）赢得了举世公认的成就，他的作品售价高达数百万元，凡·高油画是迄今最优秀、最富感染力的绘画之一。在以艺术家身份活跃的最后十年间，他勉力创作了八百余幅油画和大约一千张素描。尽管全部作品数量如此庞大，但他在有生之年只勉强卖掉一幅油画和若干张素描。他的作品却在他去世后获得了巨大成功，使凡·高更添悲情。

作为一名艺术家，他满怀激情和毫不妥协地追求自己的目标。身为荷兰新教教会归正会一名牧师的儿子，凡·高感到必须去“挣得”老天赋予自己的生命，为完成使命而奉献一生。他的执着是无条件的，甘愿承受社交孤立的风险，然而即使没有选择成为一名艺术家，他也会因无法迎合社会习俗而采取相似的处世之道。他是一个不善交际、顽固执拗的人——对别人要求严苛，对自己同样要求严苛。按照他弟弟提奥的说法：“他的言谈之中有一些让人要么爱他，要么恨他的东西……因为他从不吝惜什么东西或者什么人。”

他是一个难以相处，但又神经过敏的人，几乎无法容忍见解与自己相左的人。一位伟大的作家，却拙于口头表达自己的观点。他首先是一个孤寂的灵魂，多少有点绝望地渴望着友谊和爱情。他只有在与弟弟提奥相处时才找得到亲情，但就连他与弟弟的关系有时候也不是一帆风顺的。

令凡·高名闻遐迩的精神病，常被视为出众的艺术才华带来的必然后果，也符合我们对艺术家作为疯狂天才的臆测。不过，他的疾病看来像是癫痫的一种形式，跟拥有艺术才气毫不相干。他在犯病时往往会陷入一种“癫狂”状态，他的艺术创作非但没有得益于它，反而每每受到它的掣肘。这在某种程度上也是造成他缺乏社交技巧，结果导致他与世隔绝的原因。在疾病得到正确诊断后，他感到有一种须加紧努力的冲动，唯恐上天给自己的时间已经不多。

凡·高奋斗多年创作意味深长的艺术作品，不顾一切地寻求某种认同，但是成功却姗姗来迟。只是到1890年，即撒手人寰的那年，凡·高才刚刚取得身为艺术家翘首以盼的突破。然而，这一时期他为自己的画作几乎乏人问津的事实而深感沮丧。凡·高在生计上依赖的提奥，此时已跟妻子和儿子开始新的生活。萦绕脑际的是担心旧病复发，最终成为完全妨碍他工作的持续恐惧。人们相信，他是在万般无奈中，一时冲动地结束了自己的生命。

凡·高在有生之年被剥夺了出售作品、进而目睹自己的艺术真正受人青睐的自豪感和满足感。因为他真正在乎的是创作抚慰心灵的作品，对社会作出有价值的贡献。无论作为一个普通人还是艺术家，他都蒙受了漫长时间的痛苦，但他在创作如此美轮美奂、富于感染力的作品中取得的非凡成就已持续引起后人的兴趣。本书着力探究凡·高的人生和他身为一名艺术家多年来的发展轨迹，但愿能帮助读者更深入地了解他那继续在全世界受到追捧的艺术。

家中的“害群之马”

1853 年 3 月 30 日，凡·高出生在荷兰布拉班特省（Brabant）一个名叫格鲁特－津德尔特（Groot-Zundert）的村子。他是在权衡了各种不同选项后才决定成为一名艺术家的。在伯伯开设的艺术公司当学徒未果，后来担任教师、传教士和书商也遭遇失败，凡·高终于在 1880 年 27 岁那年找到自己真正的天职。父母亲几乎已不奢望他们的长子过上差强人意的中产阶级生活，但当他的弟弟提奥建议他当一名艺术家，确切地说是制图员的时候，凡·高显得热情洋溢，期待在这个谋生事业中取得成功:“我要大干一场，让生命活得够本，力争获胜。”

最初三年，他多半靠教学手册专心学素描，然后又开始涉足油画。他不只是画，而且还受痴狂热情的驱使，几乎一刻不停地付诸实践，仿佛要弥补失去的时间。凡·高完全清楚他走的道路坎坷不平，因为他深知自己缺乏才华。

开始奋斗

凡·高是在比利时博里纳日（Borinage）的贫困矿区担任传教士时决定当画家的。他以素描手册为蓝本进行临摹，尝试掌握素描技巧。1881 年 4 月底，他回到父母亲位于布拉班特埃滕村庄一处牧师住所的家，在附属建筑物的房间里工作。他在那里画了十来幅人物和布拉班特田园风光的素描，作为练习。

他正确地把素描视为一切艺术的基础。尽管他先后在比利时、海牙和巴黎上过一些艺术进修班，但在很大程度上始终是一位自学成才、大器晚成和经过顽强拼搏方始具备某种才气的艺术家。在他早期的素描中，比例常常是错误和笨拙的，素描本身显得呆板和矫揉造作。他的水彩习作一开始同样平淡乏味，画面混浊而浓烈。日后他把自己没能绘制正确的符合解剖学特征的素描和油画的倾向，视为有意识地创造某种比重塑现实更加真切的写照的尝试。凡·高表现得不慌不忙——而且纵观其创作历程，他的确需要那种从容不迫的时间——在有望打造他的“艺术”之前扫清大量的技巧障碍。

凡·高信里的速写

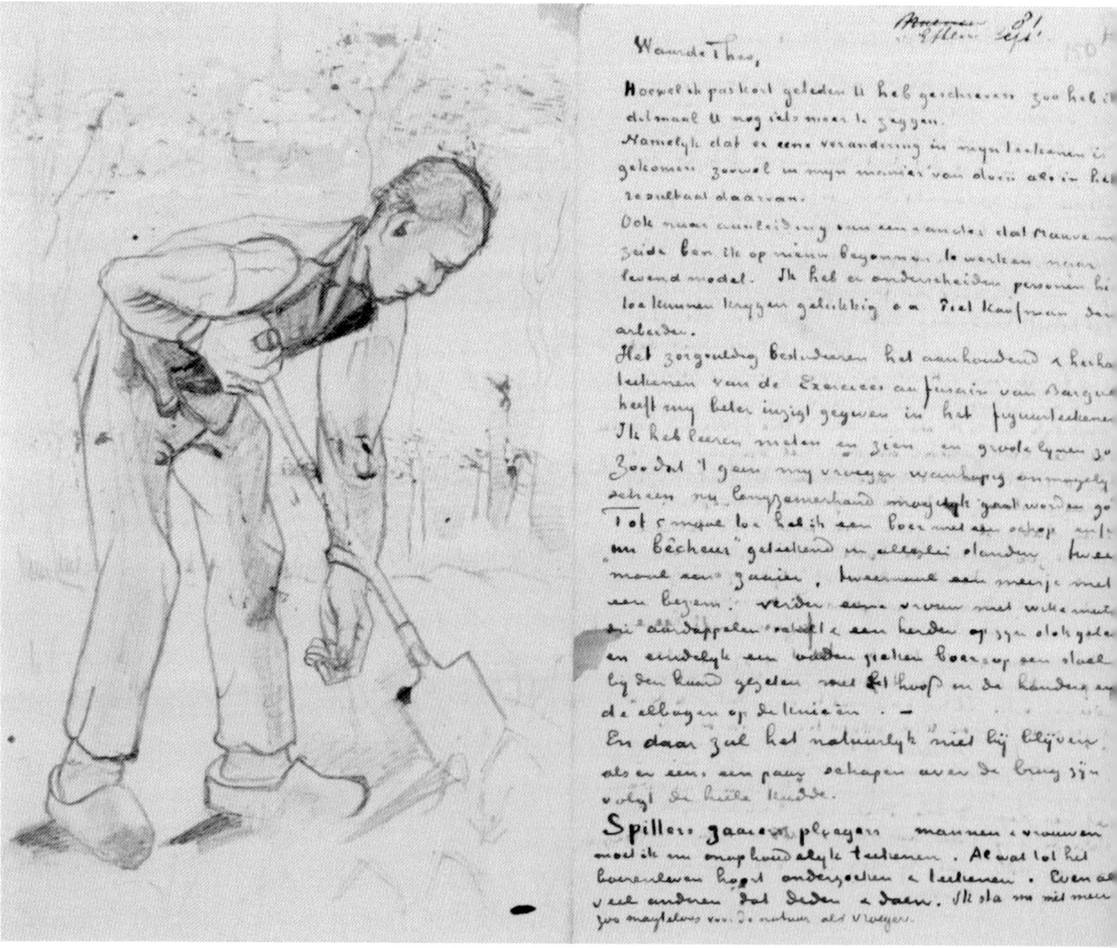

然而，这也许是如此众多感人的断面之一——他是一位奋力工作的人，决意成就他意欲追逐的目标，不管付出什么代价都在所不惜。虽然有些人具备优于他人的天然禀赋，但是没有谁身为艺术家初出茅庐始就能画出堪与伦勃朗（Rembrandt）或者米开朗琪罗 (Michelangelo) 相媲美的高超水准。凡·高没有受过艺术教育，又缺乏迫切需要的人情世故，但最终问世的作品以其炽烈的激情演绎了完全不一样的故事。有些艺术家在技巧上无懈可击，他们的作品让人看后无动于衷。凡·高的作品，不管显得多么“不正确”，总是能设法做到唤起观者的共鸣。

后来，他感到有足够的把握，可以开始用水彩和油画颜料作画了。虽然素描在比例上僵硬、笨拙和别扭，显示了他赋予人体以立体感和正确还原透视的匠心，但它们已经流露出力求揭示题材本质的尝试。

劝他试试水彩画的是提奥。作为一名画商，他知道这些画由于迷人的色彩，常要比黑白素描更容易出售。此外，它们还不像油画那么费钱。凡·高试了一下，却未能掌握技巧。与此同时，他对艺术交易行的要求产生了越来越强烈的反感，非常厌恶那种一味迎合市场需要的理念。他宁可画一些“诚实”的东西。1882年7月，他在写给提奥的信中谈到了他对艺术的感受以及对自己的反思：“你肯定完全明白我是如何看待绘画的。为了达到真实的效果，一个人必须长时间地、努力地画画。我为自己设立的目标真是见鬼的困难，但我并不认为这目标定得过高。我想让绘画感动一些人。……不管是人物素描还是风景画，我并不想表现那种矫揉造作的伤感，而是要表现出一种深切的悲痛。简单地说，我想要达到的境界是，人们看了我的作品会说，这人感受很深，而且这人感觉很敏锐。除了我所谓的粗犷外——你明白——也许正因如此而显得精确到位。现在谈论这些似乎有点太矫揉造作，但这正是我想要努力做到的。在大多数人眼里我是一个什么样的人呢？一个无足轻重、怪里怪气或令人讨厌的人——一个在社会上毫无地位也不会有地位的人，一句话，比那些最底层的人还要底层的人。非常好——假设一切正是如此，那么通过我的画作，我可以向他们展示这样一个怪里怪气、无足轻重的人的内心世界。这就是我的雄心壮志，它并不是建立在怨恨的基础上，而是抛却这一切更多地建立在爱的基础上，建立在一种安定从容而非冲动急躁的感情基础上。即使我经常陷入困窘，我内心深处依然平静、纯洁、和谐、安定。在这最最贫穷的小屋里，在最最肮脏的角落里，我看着油画和素描。”[第249号信，海牙，约1882年7月21日]

居住在牧师住所里，父母亲近在咫尺，难免引起巨大的冲突。凡·高神魂颠倒地爱上他的表姐凯依·沃斯（Kee Vos），令家人陷入了难堪的窘境。

对那些摆姿势的人，我当然得付工钱给他们。不是很多，但由于每天都得请他们，所以如果我的画卖不出去，这就会成为一笔多出来的开支。

但由于很少发生画一个人物会完全失败的情况，所以我觉得请模特的费用很快就会完全得到补偿。

在当今这个时代，一个人要是学会了捕捉人物、紧紧抓住特征乃至将其稳稳地落实到纸上，那他就能找到挣钱的事做。不用说，我寄给你这些速写只是为了让你对请模特摆姿势的事情有个概念。它们都是我今天匆匆涂鸦的，可以看到比例什么的还有很多不足之处，不管怎样都比真正作画时错的要多。［第172号信 埃滕，1881年9月中旬］

凯依是第一位，但当然不是最后一位。“没有爱情，没有女人，我无法生活。”笔端一度流露如此感慨的凡·高，理应知道诸多爱情因单相思而招致厄运的实例。

1881 年圣诞节，因拒绝去教堂而同父亲发生激烈的争吵，父亲要他立即离开这个家。可惜，凡·高生性难以与人相处，所以常常跟家人和朋友发生冲突。

凡·高《晒鱼棚》1882 年

海牙：通向成功之路？

就在和父亲发生争执的同一天，凡·高搬迁到海牙，在那里租下一间画室。在埃滕的家里，他一直依靠父母亲生活。他急于想成为一名职业制图员并自谋生计，于是以借钱的方式决定穿得更体面些，使用更精良的器材，不回避与他人接触。但是借来的钱很快就用完了，他不得不给自己另觅收入来源。

他转向弟弟提奥寻求经济资助，要求每个月给予津贴。一旦他开始挣到钱，提奥就可以一步步地减少每月所寄的费用，让他慢慢地走向独立。相反地，提奥在哥哥的余生中从未停止对他的接济，而且总是因这种接济而受到赞扬，但我们应该记得：那是在国家补助尚未问世前的日子。家庭成员资助生活困顿的亲戚，需要接济多久就接济多久，这完全不是什么稀罕事。

海牙是荷兰的艺术中心，它以其艺术家协会、艺术商和琳琅满目的展览会，让艺术家们享有众多的选择余地。凡·高竭尽全力地跻身于艺术界，取得了相对的成功。他结识了很多新朋友。他从早到晚地努力工作，以求掌握画人物素描的技艺。他还按照他认识的画商的建议，着手画水彩，最后涉足油画。受初步成功的巨大鼓舞，他花钱雇佣模特儿，聘请面貌独特的劳工阶层人士，例如留胡须的“孤儿”给他摆姿势。他的所有活动，目的旨在掌握素描技艺，尽快用自己的艺术来自食其力。

他的工作方法

尽管具有不屈不扰的精力和热情，凡·高却是用系统得令人难以置信的方式来工作的，并不符合我们对“灵感勃发”的艺术家无论何时突发奇想就恣意挥洒，在信手拈来的任何纸片上勾勒草图的浪漫观念。凡·高的全部作品，包括早期素描和油画都表明他在精心追随一种系统：他的速写在写生簿里排列得整整齐齐，如果想处理某个问题，他就会动用整个系列的速写。问题常常具有技法上的性质，比如在素描中营造纵深感，人体、头部的正确比例或者人物在工作中的姿态。

一个系列的速写由采用相同的技法，画在类型和尺寸相同的纸上的素描所组成。一切靠细节取胜，决不存任何侥幸之心！凡·高采取的练习技术也是不

……对我自己来说，我坚决要求自己所画的人物肖像画不管大小尺寸，其头、手和脚不能画得太小，一定要可以看得出清晰的局部。

我目前所画还远远达不到这种要求，但是正因为如此，我会非常坚定地坚持这一点。

当我要求自己做到这点时，我就不再像其他画家那样，对自己再提出许多其他方面的要求了。比如，我就不知道我现在正在画的那一系列素描画，最后完成时会是什么形式或是什么尺寸的。经过一番深思熟虑后，我把它们画成大小和那幅把脑袋埋在手里的男人素描画一样大，当然，如果想用来印刷的时候，我也可以把它们的尺寸再缩小些。[第 290 号信，海牙，约 1882 年 12 月 3 日]

凡·高《疲乏》1882 年

同寻常的，例如结实的木匠用铅笔、自己偏爱的绘画材料。他不喜欢铅笔留在纸上的闪光印迹，常将整杯牛奶倾倒在素描上，以图稍许压暗那种效应。在有些素描中，依稀可见牛奶溅泼后形成的边缘。他得益于透视框的帮助，通过它可以审视模特儿或风景，正确地表现透视和比例。如果走近细看，你依然能辨析透视框的铅笔线条。他工作起来带着如此的狂热，不时因用力过猛而将画纸戳破！这一点常能从他的签名中得到印证。

凡·高在谈及作为整体的绘画工作时写过这样一番话："我关注这个世界，可以说，那只是因为我在这世上负有一定的责任和义务——因为我已经在这世上生活了 30 年——作为答谢，我要以我的素描画或油画作为纪念品留存下来。这么画并不是为了讨好某项运动或是其他什么，而是要表达一个人的真实感受。……也许你也能够理解这一点吧，对我来说，我并不把我的习作画孤立来看，而是一直在心里把它们视作绘画的一个整体。"[第 371 号信，海牙，约 1883 年 8 月 7 日]

第一批素描被卖掉啦！

他的社交生活也进展十分顺利，至少在海牙居留初期是如此。海牙画派的著名艺术家安东·莫弗（Anton Mauve）和凡·高有姻亲关系，他把凡·高引荐给普赫利（Pulchri）艺术家协会成为特邀会员，使他有机会上素描课进修。他的锲而不舍，加上他在海牙描绘城市景观的画质，终于说服他的科尔叔叔、阿姆斯特丹艺术经销商科内利斯·马利诺斯·凡·高（C.M.Van Gogh）购买下两套海牙素描。凡·高定期接触希望引起其对自己素描兴趣的另一个人，是古皮尔（Goupil）驻海牙分公司的经理特斯泰赫（Tersteeg）。他的第一幅水彩画就是卖给特斯泰赫的，即使售价仅仅只有 10 盾。在海牙度过的最初日子里，众神似乎俯视着凡·高绽开了微笑！

我们在时过境迁后可以说：如果做事不出一点差错，凡·高就不是凡·高了。打乱原定计划的，是他开始和妓女西恩·霍尼克（Sien Hoornik）建立的恋爱关系。在世纪之交崇尚尊严的海牙，这么做不见得是明智之举。他不仅与有孕在身的西恩关系暧昧，还把她连同 5 岁的女儿和脾气粗暴的母亲带到家里来。没过多久，西恩产下了一名男婴。西恩是一名出色的模特儿，为凡·高写生摆过姿势，这多少成为凡·高用来为资助她和她一家老小进行辩护的托词。

这种关系不可能永远保守秘密。他与安东·莫弗、科尔叔叔和特斯泰赫的

凡·高《斯亨克路保育院》1882年

友情急遽地趋于冷淡。这段恋情在隐瞒了两个月后，凡·高终于向弟弟如实相告。提奥表示强烈反对，并威胁要停寄每个月的津贴。

一桩开始时还带点积极意义的情事，就这样虎头蛇尾般地告终了。凡·高在社交上变得孤立无援。他也意识到事态不可收拾，决定到别处去碰碰运气。然而，离开海牙的主要动机是经济上的：他以为荷兰东部遥远的德伦特省（Drenthe）的生活成本会便宜得多。

凡·高以独具鲜明特色的领救济金者和朋友西恩为对象而创作的素描，是海牙时期最辛辣和最非凡的作品之一。他对英国木刻与文学的钟爱，也在他绘制的例如“人物头像”系列作品中反映了出来。和埃滕时期的素描作一比较便不难看出，他现在更加擅长画素描了，更重要的是，善于深入挖掘题材的本质。

用铅笔或木炭所作的优美素描，是从他在海牙时期留存下来的。顺便说一句，这些素描几乎每年都会在拍卖会上亮一次相，依然合理地保持着可承受的价位。

在孤寂的荒原上

继海牙之后是持续数月的阴郁冬季，凡·高在此期间漫步走遍了德伦特这个人口稀少而贫穷的荷兰省份。遗憾的是，当地人并不热衷于给陌生人摆姿势。所以，他的注意力转向画自然景物素描，利用这几个月反思自己的生活。他此时的书信调子忧郁，充满伤感。他不仅备受严寒的煎熬，也吃尽“神经过敏”的苦头。他在德伦特创作出优美而素雅的水彩画，借以表现成堆成堆的草皮、人影稀疏的孤寂风光。

爪子湿漉漉、浑身毛茸茸的一条大狗

尽管父亲当年将他扫地出门，牧师住所还是他在漫游德伦特后可以寻求庇护的唯一寄托。因为就算他正在作出努力，却依然无法靠他的作品自谋生计。与此同时，他的父母亲已经搬迁到尼厄嫩的一处牧师住所，那是荷兰南部省份布拉班特的一个村庄。那里的洗衣房经过改建，成了供儿子临时使用的画室。从写给提奥的一封信中可以看出，凡·高的父母亲只好接受他们的儿子已回家的事实："好了，总而言之，我们正在以良好的精神状态迎接新的考验，我们打算让他在涉及例如衣着什么的怪癖方面完全享有自由。"

反过来，凡·高觉得自己不是十分受欢迎："我感觉到了爸爸和妈妈对我的本能反应。他们同样不愿意带我进屋，生怕屋子里有一条硕大的邋遢狗。它会带着湿漉漉的爪子——然后，它是那么邋遢。它会挡住每一个人的路。而且它叫得那么响。总之，是只脏兮兮的动物。唔，但是这动物有着人类的经历，而且，尽管是只狗，却有着人的灵魂，还有更灵敏的感觉系统，能够察觉出别人对他的想法，这是普通的狗所做不到的。而我，接受他们的真实面目，承认自己正是这样一只狗。"[第 413 号信，尼厄嫩，约 1883 年 12 月 15 日] 他补充道："德伦特的荒原一向孤寂落寞，却不像家里那么孤寂落寞。"

从 1883 年 12 月到 1885 年 11 月，他在尼厄嫩住了将近两年。这一时期，他以织工和田间耕作的农民为题材，绘制了许多油画和素描，用的全部是晦暗阴沉的泥土色。凡·高深受让 - 弗朗索瓦·米勒（Jean-François Millet）等 19 世纪中叶生活在巴黎近郊的艺术家影响，但也推崇伦勃朗（Rembrandt）和弗兰斯·哈尔斯（Frans Hals）等 17 世纪荷兰艺术家。他以这些大师为楷模，用暗淡阴沉的色调从事绘画。在海牙期间，他还没有见识法国印象派更明快、更绚烂的色彩，因而自始至终地忠实于暗沉的泥土色。在学习如何创作素描和油画的同时，他决意步这些 17 和 19 世纪艺术家的后尘，做一名农民画家。

第一幅杰作

画了数十幅表现农民在田间耕作以及农民头像的习作，又用晦暗阴沉的色调描绘了风景，凡·高终于感到自己先前的努力是非常值得的。凡·高敢于自豪地向外界展示的第一幅艺术作品是《吃土豆的人》（*The Potato Eaters*）。在这件作品之前，他已经画了大量农民习作和德·格鲁特（De Groot）一家的头像。《吃土豆的人》是他迄今画过的人物群像习作的第一幅和最后一幅。他甚至为这件大幅人物习作制作了石版画，把它寄给多位相关人士。在石版画存续期间，拓印的版本据悉总共达到十七八幅。在凡·高的全部作品中，《吃土豆的人》起着举足轻重的作用。

令凡·高大失所望的是，这件作品一点也没有引起热烈的反响。这一点是可以理解的，因为对于农民德·格鲁特一家在破败小屋里围桌而坐那种粗俗中颇显笨拙的弊端，即使在今天也难以获得赏识。更何况，画面基调阴郁而黝黯，实在不符合我们当下的审美情趣。

凡·高的画家挚友安东·凡·拉帕德（Anthon van Rappard）对《吃土豆的人》石版画的反应如下："幸运的是，你能画得更好——可是，当时为什么如此肤浅地观察和处理这一切呢？为什么不研究人物的动作？现在他们都在故作姿态。后面那个女人的卖弄风情的小手，是多么虚假！咖啡壶、桌子和放在把手上的那只手，它们之间是什么关系？那只壶在做什么？它既没放好，又没人拎着它，那它又有什么意义？还有，为什么右边那个男人可能没有膝盖、肚子或者肺？莫非是长在他的背上了？而且为什么他的胳膊非得短了一截？"［第503号信，乌德勒支，1885年5月24日］

于是，他的批评没完没了。凡·高感到极为生气，当即把来信退了回去。他们的关系就这样结束了。

话说回来，他认识到这种批评意味着他走的路是对的！将素描或油画中的人物画得符合正确的解剖学特征，是他想都没想过的事。他想要画的是自己的感觉，在他看来，这就是真实！以《吃土豆的人》为例，他想要画的是农民与生俱来的尊严。他们的艰辛生活需要表现得历历在目。有望达到这种效果的唯一途径是夸张处理，以便于所谓高贵的资产阶级也能理解。他在画出《吃土豆的人》后若干年依然认为，这是他迄今为止的最佳作品，建议提奥给它配一个金黄色的画框。

凡·高《吃土豆的人》（石版画）
1885 年

……与此同时，我正在再度对那些围着一盘土豆的农民进行修改。我刚从那里回到家——而且就着油灯对它作进一步的修改——虽然这一次我是在日光下开始画的。你瞧，构图现在变成这个样子了。我把它画在一块相当大的画布上，而且正如现在的草图所示，我相信画中是有生活的。”［第 492 号信，尼厄嫩，1885 年 4 月 9 日］

在这趟邮班里，你将收到两张石版印刷的复制品。

我想对在乡村小屋里画的速写做一些改动，使它具备油画的形式。也许能让鲍狄埃（Portier）展示出来，或者我们能把它送去展览。至少它凝结了我的感受，它的缺陷和一些瑕疵，就和其他批评家一样，我自己也能指出来。

然而这幅画里有某种生活，相比一些无懈可击的作品，可能它蕴含的生活更多。［第 494 号信，尼厄嫩，约 1885 年 4 月 18 日］

巴黎：现代艺术世界中心

凡·高在尼厄嫩居留期间反复地提到安特卫普（Antwerp），称之为他或提奥都该造访、借以为作品寻找商业出路的城市。他感觉自己的画作可以和同行相媲美，看到了自己身为一名画家的众多可能性。他动身前往安特卫普，通过向多位画商展示，致力于作品销售，试图靠绘制肖像来自谋生计，但都没能获得成功。虽然他和提奥讨论过巴黎之行，也同意等提奥租到更大公寓的建议，却出人意外地来到了巴黎："别怪我不期而至。我做了非常周密的思虑……"[第567号信，巴黎，约1886年2月28日]。

凡·高生性易变，动辄颐指气使，造成兄弟俩难以同处一室。看来他们有一阵子甚至是分开居住的。提奥的朋友和熟人开始回避对他的拜访，他再也不能跟公司阔绰的客户一起去剧院和音乐会共度良宵。凡·高要求兄弟什么都该共同完成，但是他在社交方面却表现木讷。荷兰人素以直率而著称，但凡·高将这种态度进一步推向得罪每个人的极致，这是提奥身为成功画商怎么也不能容忍的。

由于兄弟俩每天都见面，所以巴黎时期没有留下什么通信记录。这一时期催生出相对较多的凡·高伪作，书信稀缺就是其中一个原因。

从艺术角度来看，凡·高光顾巴黎可谓适逢其时，即便他对此完全没有意识到。印象派画家在巴黎大行其道，乔治·修拉（Georges Seurat）、西涅克（Signac）和卡米耶·毕沙罗（Camille Pissaarro）正是在此时此刻着手创作点彩风格绘画的。在多年研究各种科学色彩理论后，修拉汲取毕沙罗的实验成果，创作了他的第一幅"点彩派"绘画《大碗岛的星期天下午》（*La Grand Jatte*）。1887年这幅画初次亮相，当时凡·高恰好在巴黎。

凡·高也开始尝试运用这种技法，这一点清晰地体现在包括《餐厅内景》（*Interior of a Restaurant*）的众多作品中。巴黎作品昭示着从尼厄嫩的暗沉泥土色调向印象派更明亮的色彩的过渡，有不少印象派画家还是他的朋友。尽管如此，凡·高还没有形成他自己的风格。这将发生在阿尔勒。

在《餐厅内景》中，凡·高尝试对色块作了彼此紧挨在一起的布局。他非但没有煞费苦心地逐一勾勒色点，反而诉诸更加粗放的用笔。当你从近距离审视时，只有少数部位看得出互补色所形成的系统性匹配，作品大体上画得似乎有点匆促。这幅画可以视为凡·高最纯净的"点彩"作品之一。室内角隅衣钩上的黑色礼帽、餐桌上的倒立酒杯和成束鲜花，暗示着这是一家为中产阶级

上图：乔治·修拉《大碗岛的星期天下午》1884-1886 年
下图：凡·高《餐厅内景》1887 年

开设的餐厅。画面上见不到惯常的“文森特”签名，却赫然亮出了另一种形式的“签名”——餐厅墙上一幅出自他之手的画作《阿尼埃尔公园》（*Park in Asnières*）。也许，凡·高把这幅未经签名的油画视为习作。如果你意识到像《吃土豆的人》那样的作品只是在两年前完成的话，那就足以感悟凡·高快速实现的嬗变和进步。

凡·高《阿尼埃尔公园》1887 年

在阿尔勒的高潮与低谷

凡·高受够了狂放不羁的巴黎生活，开始表露出紧张的城市生活造成心理压力的迹象。人海茫茫，密集的社交生活，还有令他难以挣脱的酗酒恶习——下午的苦艾酒、晚餐时的葡萄酒、咖啡音乐会上的免费啤酒，以及他在晚上每时每刻心仪不已的科涅克上等白兰地。1888 年 2 月，当他抵达法国南部普罗旺斯小镇阿尔勒时，他发现自己差点儿已沦为酒鬼。

在阿尔勒，他认为找到了南方的灿烂阳光，身体缓慢地得以康复。先前他见识过日本浮世绘，它在当时的艺术家和公众中引起了巨大轰动。即使他从来没有到过日本，当地的旖旎风光还是让他联想起日本。光线，尤其是色彩，令他心醉神迷，这在他的作品中多少明显地反映了出来。他意识到海牙画派晦暗阴沉的泥土色，永远模拟不了南方阳光和煦的风貌，于是着力强化他在巴黎结识的印象派欢快色彩的浓烈度。在阿尔勒，他偶尔也会用彩粉颜料，但用得较为频繁的是炽烈的红色，鲜艳的黄色、蓝色和绿色，有时候从颜料管中挤出后直接涂敷于画布。他在阿尔勒不知疲倦地工作，绘制出数量惊人的素描和油画，包括最伟大的风景和肖像画。

凡·高对色彩与情绪间的关系有超常的意识，以精湛的技艺作了这方面探索。尤其是他对色彩的运用，使他成为独树一帜的艺术家，他的画作以色彩丰富而引人注目。想象一下，它们在构思时呈现的色彩要强烈多了！凡·高深知它们会褪色，便将这种知识糅合进他的油画。

他的艺术在南方真正趋于成熟了，描绘自然景物靠的是直觉，既不矫饰也不诉诸逻辑，怎么感觉就怎么画。他不试图模拟真实，而是通过驰骋想象力来**重塑**他之所见。在这一过程中，色彩演变为象征符号。比如说，红色和绿色被用来传递人性的激情。一张脸庞很可能呈绿色和橙色，假如他认为这些色彩刚好和他的感受相匹配。他感到所有的真实都是象征性的。他在给画友埃米尔·贝尔纳（Emile Bernard）的信中这样写道：“只要它们满足对无垠的企盼，我才不会那么斤斤计较地在乎色彩的真实性。”

正是在阿尔勒，他创作出全部作品中最受推崇的油画，如《向日葵》（*The Sunflowers*）、《阿尔勒人》（*Arlesienne*）、《卧室》（*The Bedroom*）、令人迷醉的自画像以及拉克劳（La Crau）的壮美田野。他描绘麦田的油画，堪称一曲真正的金色交响乐。这些作品理所当然地被视为他绘画生涯高潮期的杰作。凡·高找到了他的风格，正在艺术上突飞猛进。经过八年以后，他攀登上创作的巅峰，将他观察到的题材本质和特征淋漓尽致地表现了出来。

他以人物和肖像画家自许，尽管描绘风景似乎才是他的强项，擅长用绚烂的色彩同时捕捉自然之美和内心最深处的情感。他一有机会就修改加工肖像，“我有时候觉得自己 [肖像] 比其他作品更严肃、更出色。”

现如今，阿尔勒时期的作品在受人赏识方面排名最高。但是它们在当时，既不被理解，也不受赏识。他的艺术因扭曲而夸张的形状、造型和艳丽的色彩而被视为疯子的作品。“这是个疯子”，有人对他作如是评价。凡·高对于视觉刺激极为敏感。他的疾病与他的创意，可能存在某种关联。

《卧室》描绘了凡·高在阿尔勒“黄房子”(The Yellow House)里的卧室。凡·高梦想在他的“黄房子”里建立一个艺术家社团，让他们以情投意合的精神在一起工作和生活。他在户外田野里像疯子似地工作一星期后筋疲力竭，待在隐蔽处躲避狂暴的密史脱拉风（来自北方猛烈而凛冽的风）的袭击，开始动于描绘自己的卧室。

凡·高的作画方式值得细加探究。他凭着直觉落笔，一蹴而就，这在观察画作表面时清晰可见，它是如此生机勃勃！有些作品看上去好像是在狂怒中画成的；汹涌澎湃的情感在颜料中得以凝固。他的用笔表现出丰富的多变性。观赏

凡·高《卧室》速写 1888 年

“这一次画的纯粹是我的卧室，只不过要靠色彩来表现，通过色彩的简化赋予了事物一种更加庄重的格调，往往使人联想到休息或者睡眠。简而言之，观看这幅画应该使人的头脑，或者更确切地说，应该使想象力得到休息。墙壁呈淡紫罗兰色。地板——红色的地砖。床架和椅子是鲜奶油的黄色。床单和枕头是非常明亮的柠檬绿。猩红色的床罩。绿色的窗户。橘黄色的梳妆台，蓝色的脸盆。淡紫色的门。就这些了——除了关着的百叶窗，这间卧室没有别的东西。孤零零的家具应该也能传达一种确凿的休养之意。墙上挂着肖像、一面镜子、一条毛巾和几件衣服。至于画框——由于画面没有白色——将采用白色。这算是为我不得不接受强迫性的休息复了仇。明天一整天我会在这幅画上再下工夫，但你能看到这个构思有多么的简单。阴影和投影均被取消了，它像日本版画那样，是用单色平涂的方法着色的。”［第705号信，阿尔勒，1888年10月16日］

凡·高《卧室》1888年

凡・高《向日葵》1889 年

时站得尽量离画面近些，以便追随他那表现为条纹、小圆点、逗点、波涛和更多变体的狂乱笔触。既然能够追随他的运动，你就会油然而生成为创作过程的一部分的感觉。你会被画中几乎向你直扑过来的动感冲刷得难以自持。硕大饱满的色块，还有笔触涂抹无不弥漫着力度。这是何等样的色彩感！你会被天空呈现的卷曲和弧形运动所迷惑，或是被自画像中具有穿透力的犀利目光所吸引。

事物画得是否正确、符合解剖学特征并不重要。对凡·高来说，一切都围绕着揭示真相。你可以感受到艺术家毫无保留地奉献一切的激情。作品是用如此惊人的速度和激情画成的，以至于它最贴近笔者个人恪守的艺术定义："作为静止或捕捉情感的艺术。"这些绘画被视为他的最佳力作，不是没有道理的。

凡·高爱徒步踏访他周围的环境，工作时"全身满载枝条、画架、画布，活像一头箭猪"。他会在肆虐的密史托拉风中携画具去户外，一气呵成地画完风景！他在一天最炎热的时刻到麦田里画画是不成什么问题的。而且，凝视着湛蓝色的晴空中黄灿灿的球体，你几乎可以感受到太阳的灼热。

凡·高深知，他那激情澎湃和活力四射的作画方式不会唤起观众的共鸣。他在写给朋友埃米尔·贝尔纳的信中说："我作画时不会遵循任何技法；使用画笔不走常规，顺其自然，画布上有厚涂的区域，也有留空的部位——各个角落总有未完成的地方——对其再加工或者粗略处理；总之，我自觉这样的效果会令人感到沮丧和恼火，无法取悦那些对技法有先入之见的人。"[第 596 号信，阿尔勒，约 1888 年 4 月 12 日] 然而，他的书信却透露，他并不怀疑自己的作品具有某种价值。他坚信它总有一天会受到激赏。

表现主义画家弗朗兹·马尔克（Franz Marc）日后说过一番话，笔者在这里将它意译如下："……除了刻画一片非常普通的自然景物，为其注入你所有的希望和憧憬外，没有更大的成就可言。"这的确是对凡·高的写照。他总是力图再现一棵树或一片风景的真实本质，并非它看上去像什么，而是它给人以什么感觉，促成你去体验艺术家的情绪。

这一时期，尽管他的创作呈"井喷"式爆发，但个人生活却不是那么顺畅。他每天都得服用狄更斯一度为防止自杀而开的"处方"良药：一杯酒、一块涂奶酪的面包和一只烟斗。身为艺术家却处处碰壁，凡·高感到情绪低落、惶恐不安、压力重重，非常担心作品依然乏人问津，只会更加依赖提奥每个月的津贴。他的作品何以依然卖不出去呢？与此同时，绘画又是将阴郁气馁的念头拒之门外的最佳良药。

当画布和颜料用完的时候，他就转而画素描。他有不少最优秀的素描就是在阿尔勒时期创作的。

凡·高《阿尔勒人》1888 年

我终于画了一幅阿尔勒人的画像，是在一个小时里完成的，浅柠檬色的背景——灰色的脸——衣服的颜色很深很深，仅用了纯粹的普鲁士蓝。她倚着绿色的桌子，坐在木扶手椅上——颜色为橙色。[第 717 号信，阿尔勒，约 1888 年 11 月 3 日]

凡・高《花园》1888 年

凡・高《浴室的花园》1888 年

凡・高《花园》1888 年

我刚刚寄去了三张大素描及其他一些小素描，还有德・勒缪德的两幅平版画。

我觉得那张画着小农舍的竖幅花园图是三张里头最漂亮的。那张有向日葵的是一家浴室的小花园。

第三张是横幅的花园图，我也给它画了一些油画习作。[第 657 号信，阿尔勒，1888 年 8 月 8 日]

◉ 凡 · 高与高更

艺术家之间的合作，艺术上的兄弟情谊，对于凡 · 高来说是重要的。他梦想在阿尔勒建立一个和谐的艺术家团体。为了圆这个梦，他把所有的希望寄托在高更身上。当高更悲叹自己健康欠佳和手头拮据时，凡 · 高试着劝他到南方来休养。他以提奥的经济资助为诱饵，经过百般恳请和乞求，终于说服高更前来阿尔勒的黄房子。随着高更的到来，他企盼已久的梦想似乎触手可及了。拥有四间屋子的黄房子，将起到“南方画室”（Studio of the South）的总部作用，它的首领就是提奥。

1888 年 10 月，以自私和自我著称的高更终于抵达黄房子。凡 · 高期待着高更的到来，对房子进行了重新装潢，还添置了新的家具。一系列油画新作，如《向日葵》和《摇篮曲》（*La Berceuse*），就是为了让高更有宾至如归的感觉而创作的。为了取悦高更，他还画了不下六幅的《向日葵》。

一开始，两人之间的合作似乎还挺默契。他们在一起画画、喝酒和用餐，晚上一块儿找乐子。凡 · 高称高更是幸运的肝病患者。然而，有关艺术和何谓艺术家的冲突理念，很快造成了不仅涉及专业，而且在个人层面的紧张。按照高更的说法，凡 · 高偏爱画眼前事物的素描和油画，那就应该开始凭记忆来画。但是，那种方法压根儿就不适合凡 · 高。

没有一天不是在争论中度过的。高更常会抱怨风、寒冷、阿尔勒及其居民、凡 · 高画室的凌乱，还有凡 · 高将财务搞得一团糟的事实；他们的气质似乎很不适宜合作。

高更画了许多画——我很喜欢一幅背景和前景为黄色的静物。他正在为我画一幅肖像，在我看来在他的所有作品当中这并不能算是败笔。[第723号信，阿尔勒，约1888年12月1日]

保罗·高更《凡·高在画向日葵》1888年

割耳事件

从凡·高方面来说，他期待高更到来已有那么长的时间，那种局面导致了众所周知的割耳事件。关于这一事件的研究已有很多，也许应该说是太多了。对艺术颇感兴趣的医生撰写了有关凡·高的耳朵以及割下的究竟是哪个部位的医学论文……2009 年，有两位耗时 10 年调查这个案例的德国科学家出版一部书，得出了是高更而并非凡·高用匕首伤及耳朵的结论。来往书信留下了那么多的诠释空间，因此据此作出推测猜想简直易如反掌——总会有某个句子为你特定的理论提供佐证。但是，我们对什么都知道得并不确切。

然而普遍达成的共识是：1888 年 12 月 23 日，凡·高突发急性精神崩溃，听说高更宣称要离开便一阵紧张，在由此引起的癫痫发作期间割下了左耳的一部分。显然，他随手拿报纸包裹住左耳垂，附上一张便条放到他认定高更所呆的妓院里。便条上写的是：“记住我。”据阿尔勒《共和论坛》周刊（*Le Forum Républicain*）报道，事情经过是这样的：

> 上星期六晚上 11 时半，原籍荷兰的一个名叫文森特·番戈（Vincent vangogh）的艺术家现身于 1 号妓院。他唤来名叫拉歇尔（Rachel）的妓女，将他的耳朵交给她，撂下一句“好好保管”。说完扬长而去。警方获悉事态后认定是那可怜的精神错乱者所为，便在次日早晨前往那人家中探视。他躺在床上，几乎失去了知觉。不幸的人立即被送往医院。

早在 12 月 26 日，这个消息还通过《小日报》（*Le Petit Journal*）传到巴黎。

他的行为在左邻右舍中引起巨大骚动，结果导致了要求将“火红头发的疯子关进医院”的请愿。回顾这些日子发生的一切，凡·高什么都记不起来了，第二天便被送进阿尔勒的一家医院。

这标志着心理不稳定和单独禁闭时期的开始。令凡·高惊恐万分的，是他遭到了幽禁，蒙受各种神经失常，多次出入医院的痛苦，因而他考虑加入外籍军团，因为他的体格还是十分强健。然而，因为担心疾病的不可预测性，他同意住进精神病院，意识到他对自己和别人来说，都是潜在的危险。

看来，凡·高好像患了一种特殊形式的癫痫，名叫颞叶癫痫。他还可能是一名躁狂抑郁症的患者。他经常大发雷霆、偏执多疑，以及社会适应不良行为都符合该疾病特有的症状。这是一种可怕的疾病，往往会因受到强烈忧心、精神压力甚或光线之类的视觉刺激而引起癫痫发作。他听到某种声音也会失去知觉。

凡·高在抵达阿尔勒后五个星期，着手描绘一系列鲜花盛开的果园，总共

凡・高《摇篮曲》
1889 年

今天我又重新开始画我画过的罗林（Roulin）夫人的肖像，那幅画由于我的不慎造成手的那部分区域模糊不清。在色彩调配上，红色转化成纯粹的橘红色，使得肉体上的色调愈加强烈，直至变成铬黄，穿过粉红色，与橄榄绿和维罗纳绿融为一体。作为一种印象派的色彩调配，我从未有过比这更好的设计。

并且我相信，倘若有人把这幅画如实地挂在一艘船上，哪怕是一艘冰岛的渔船，有些人就会感到其中具有一种摇篮曲的韵味。啊！我亲爱的朋友，在油画上画出我们的前辈伯辽兹和瓦格纳在音乐上所取得的成就……这是一种安抚痛苦心灵的艺术。然而却只有极少一些人与你我感受相同！！！［第 739 号信，阿尔勒，1889 年 1 月 21 日］

凡·高《粉红色的桃树（“纪念莫弗”）》1888 年

画了 14 幅。这些作品画面上都空无人影。只有恣意绽放、蔚为壮观的树林。这幅油画享有特殊的地位。凡·高在致弟弟的信中写道："我在户外的一个果园里画一幅 20 号大小的油画——淡紫色的耕地，一排芦苇篱笆——两株粉红的桃树衬着灿烂、蓝白交织的天空。这极有可能是我画得最好的风景画。我刚把画带回来，就收到妹妹寄来的信，里面有一篇用荷兰语写的悼念莫弗的文章，还附有他的画像（很不错的肖像画），文章写得平庸，且言而无文——相当令人痛心。但一种难以名状的东西猛然把我攫住，令我喉咙哽塞，于是我在画面写上：'纪念莫弗，文森特与提奥'。"［第 591 号信，阿尔勒，约 1888 年 4 月 1 日］

……还有，我今天带回来的那一幅也许是你喜欢的那种——上面有果园里被刨开的一块地，围着一道藤篱笆，两棵花开得正旺的桃树，桃红色衬着亮蓝的天空，白云飘飘，阳光灿烂。你很可能有机会看到这幅画，因为我已经决定把它送给耶特·莫弗（Jet Mauve）。我在上面写上了"纪念莫弗，文森特与提奥"。［第 590 号信，阿尔勒，约 1888 年 3 月 30 日］

禁闭圣雷米

虽然原本只是一项临时措施，但凡·高在精神病院里待了一年，从 1889 年 5 月一直禁闭到 1890 年 5 月。尽管多次以不同症状发病，造成他在这一时期什么也干不成，但凡·高还是勉力在精神病院和其周围创作出美轮美奂的油画。有时候不准外出甚至离开房间，有时候获准独自四处游走，一切视他的精神状态而定。

平静而安宁，尤其是规律性的生活很适合他，有一种稳定其体格与精神健康的功效。“我发疯似地工作，奋力作画，这种被压抑的激情前所未有，我想这能帮助我治病。”[第 800 号信，圣雷米，1889 年 9 月 5 日和 6 日]

工作比任何其他消遣更能大大地分散他的病痛感。置身于其他病人的中间，减弱了他对精神错乱的恐惧，而且他无需为张罗饮食而操劳。另一方面，他认为精神病院内生活单调，待在那里会可怕地变得麻木和疲惫。他的病友除了洗澡之外整天无所事事，这也惹得他心烦意乱。

他用心良苦地把自己同其他病友隔离开，为的是一个人埋头工作，深知旧病随时会卷土重来而造成工作难以为继。他常常缺乏离开房间的勇气，无心的疏忽会诱发另一次发作。摆脱精神压力是他难以企及的，而令他越发惶恐不安的是在画作依然乏人问津的同时，开销持续走高的事实。他对创建中的“南方画室”依然非常失望。

刚来的时候，他是从带铁栅栏的小室窗户后来观察外部世界的。凡·高不愧为凡·高，他几乎立即画出了一件杰作。他在精神病院的花园里以油画与素描的形式描绘花卉和低矮灌木，例如不同凡响的《鸢尾花》（*Irises*，1889 年）在 1987 年拍出了 4900 万美元的高价（当年拍卖中价格最高的一件画作）。无论何时不准搞油画，他就会在素描中寻得慰藉。从带铁栅栏的窗户后或者坐在精神病院的花园里，他以麦田和带漩涡云彩的天空为题材创作出妙不可言的油画。麦田之于笔者从来都不是一样的——它们立刻让笔者联想起凡·高。通过那些有播种者的麦田，他要表达对大自然基于泛神论的洞识。

……独立画家展览结束了，我把你的《鸢尾花》拿回来了；这是你的佳作之一。我觉得你画真实物体画得最好，就像《鸢尾花》……［第813号信，提奥至文森特，1889年10月16日］

一幅是我卧室外面的乡间景色。画面前景是一片麦田，田里的作物饱受风暴摧残，一片狼藉。有一堵围墙，墙外有几棵橄榄树，叶子是灰色的，还有农舍和小山。画面的顶端是一大片灰白的云朵漂浮在蔚蓝的天空中。这幅风景构图非常简洁，色彩运用也如此。[第779号信，圣雷米，1889年6月9日]

凡·高《精神病院走廊》1889年

凡·高用画家的眼睛观察着一切，甚至包括精神病院病房和它的不幸住户。他想象着走廊空荡荡的修道院如能用来展示他的艺术可就太棒了！不幸的是他总在伺机出售艺术，展示他的艺术和帮助其他艺术家，而且他失败得如此惨不忍睹。他细心观察他的病友：“阴雨天时，我们待着的房间就像某个死气沉沉的村庄里的三等候车室。当你看到里头有体面的疯子总是戴着帽子和眼镜，穿着旅行外衣，拄着个手杖，就像在海边度假的旅客那样，这种感觉会更加强烈。”[第 776 号信，圣雷米，约 1889 年 5 月 23 日]

凡·高在精神病院的医生佩隆（Peyron）大夫得出结论：凡·高患的是伴有视听幻觉的急性躁狂症，建议对他进行长期观察。和佩隆谈过话的提奥在信中对哥哥说：“他一点都不认为你疯了，还说你的发病带有癫痫的性质。”[第 807 号信，巴黎，1889 年 10 月 4 日]

这一诊断使凡·高感到宽慰，直到他遭遇更加频繁的发病。他担心疾病会再度故态复萌，最终造成他无法工作。的确，在 7 月中旬画《采石场入口》（*Entrance to a Quarry*）时，他又一次遭遇复发，吞食下一些有毒颜料，精神病院医生因此决定没收他的绘画材料达一个半月。对凡·高来说，这不啻是一场导致他深陷抑郁的事件。在圣雷米滞留期间，他两度尝试自杀，想用颜料和松节油毒死自己。

凡·高始终是一个体魄十分强健的人。当他的精神状态不稳定时，他的体魄依然颇为强壮，尽管患有胃病和蛀牙。他诙谐地评述道：“……在画架边一直勤奋工作并不需要像赫拉克勒斯（Hercules）那样大的力气。”[第 800 号信，圣雷米，约 1889 年 9 月 5 日或 6 日]

在这些习作中，有一幅《采石场入口》，苍白的浅紫色岩石埋在发红的土壤中，就像某些日本画一样。就设计和将颜色分成大的级别方面而言，它和你在阿旺桥画的联系很紧密。[第 809 号信，圣雷米，约 1889 年 10 月 8 日]

凡·高《采石场入口》1889年

结局：在奥弗的最后几个月

凡·高在精神相对稳定的时候考虑过迁往北方，好离寓居巴黎的提奥更近些。凡·高呆在精神病院期间，他的作品终于开始引起瞩目。就连《法兰西信使》杂志也载文对他大加赞扬。深受年轻一代艺术家敬重并被尊奉为长者的印象派画家卡米耶·毕沙罗，建议提奥考虑延请保罗·加歇（Paul Gachet）作为医生。这位顺势疗法医生兼“神经紊乱”专家还是一位业余画家兼蚀刻画家，居住在瓦兹河畔奥弗（Auvers-sur-Oise）这个巴黎西北约 30 公里远的村子里，这里同时也是众多画家的聚居地。1890 年 5 月 20 日，凡·高在短暂停留巴黎后抵达瓦兹河畔的奥弗。奥弗是他最后的落脚点。

他住进了拉沃旅馆（Auberge Ravoux），并和保罗·加歇做了朋友，加歇建议他多多作画。癫痫被认为是一种随着时间流逝而日趋恶化，导致身心退化的疾病。凡·高心知肚明，因而疾病赋予他一种紧迫感。他近乎疯狂地工作着，因为他知道再也不会重新有工作机会了。他在最后的那几个月里以非凡的献身精神画出了大量作品：麦田、玉米地、农舍和肖像，包括加歇医生及其家人的著名肖像。他创作的油画总共达 70 幅之多，以他在那里滞留 70 天而论，简直高产到了令人难以置信的地步。

尽管创作产量庞大，他的内心却十分沉重。“我感到——一种失败——也就是说，同我有关的失败——我觉得那就是我要接受的宿命。而且那种局面再也无法改变了。”[信件 BM20] 在一封日期标为 1890 年 5 月 25 日而未被寄出的信中又写道：“……正如我明白无误地断定的，我永远也成不了什么大气候。”

去世前的几个月，压得凡·高喘不过气来，他的总体心态是悲怆阴郁的。他和小村庄的村民从来没有任何联系。当地人对他被关进精神病院一无所知，但也不想跟这个自己给自己理发、割掉耳朵、一身农民衣装的乖僻流浪汉发生任何瓜葛。

……我现在正在给加歇医生画像，头上戴一顶白帽子，颜色很浅很淡。手是淡红色的，穿着蓝色礼服大衣。背景是钴蓝色。他的手支着脑袋，靠在一张红色的桌子上，桌上有一本黄色的书，还有一株毛地黄，开着紫色的花。这幅画的情绪就像我离开到这里来的时候携带的自画像的情绪一样。[第 877 号信，奥兹河畔奥弗，1890 年 6 月 3 日]

凡·高《加歇医生》1890年

挂在弟弟脖子上的磨盘

作品始终卖不出去，致使他在沮丧之余，对依然从经济上资助他以换取作品的弟弟深感愧疚。提奥在 1889 年 4 月幸福地迎娶约（Jo）为妻，自 1890 年 1 月 13 日起，健康欠佳的提奥又得承担起照料新生婴儿文森特·威廉（Vincent Willem）的职责。除此以外，提奥还面临着遭解雇的威胁，因为由他担任经理的古皮尔驻巴黎画廊陷入了困境。这一切都不是凡·高所能忍受的。他体验到自己的弱势地位，因而比以往任何时候更感到自己已成为弟弟提奥的重负。

凡·高在一封从未被寄出的信中写道："那敢情好啊，我的作品，我为它赌上了自己的性命，而它让我付出一半理智的代价。"[信件 RM25, 奥弗，1890 年 7 月 23 日] 疯狂是他身为一名肩负使命的艺术家而付出的代价。这封信是他去世后在他身上发现的。

1890 年 7 月 27 日，星期天，一个炎热的夏日，凡·高在落日后一瘸一拐地来到拉沃旅馆，没有携带从不离身的画家背包或画架。拉沃的家人和寄宿者热得坐在露台上看着他走来。他一言不发地从他们身边经过，回到自己的房间里。旅馆主人古斯塔夫·拉沃（Gustave Ravoux）觉得有点不大对劲，便特意去看了看。凡·高躺在床上，身体痛苦地蜷缩了起来。凡·高用法语回答拉沃的询问："我受伤了。"

两天后，7 月 29 日，他死于胸部中弹两颗造成的损伤。提奥从巴黎匆匆赶来，坐在他的身边，他们交谈着一直到他咽气。7 月 30 日，他被安葬在奥弗。提奥在拉沃旅馆悬挂起多幅油画，同时台球桌被用作棺材架。棺材里放了一些绿色植物，连同凡·高最心爱的花卉——向日葵。主教拒绝他们使用教堂，原因可能是被指控的自杀或者凡·高的清教徒身份，也可能是因为凡·高不见得是奥弗值得尊敬的公民。

所以，提奥和送葬队列只得抬着灵柩从旅馆出发，走了好长的路来到位于村子以北高原的一处新公墓。有些艺术家友人从巴黎赶了过来，人们献上鲜花，向这位伟大的艺术家告别。

自杀还是谋杀？

斯蒂芬·奈菲（Steven Naifeh）和格列高利·怀特·史密斯（Gregory White Smith）在《凡·高一生》（*Van Gogh,The Life*）中暗示：凡·高是被欺侮他的巴黎少年，用属于他们的枪射出的一颗子弹所击中的。（报刊上如此频繁地提出这个问题，在这本写得非常不错的书中，它似乎是值得知晓的唯一事实。）按照传记作者的说法，恃强欺弱是巴黎少年的一大消遣，他们爱选择举止乖戾的人作为靶子。

他们之中有一个名叫勒内·塞克雷坦（René Secrétan）的人在时隔数十年后承认，凡·高从他那里偷去了一把枪。“我们总是将它四处丢弃，和渔具混杂在一起，文森特就是在那里发现和拿走的。”然而，村子里流传着不一样的故事。那是约翰·里瓦尔德（John Rewald）自 1930 年起从凡·高当年所住村子的村民口中听来的。

那些少年显然是在开枪时意外击中艺术家的，但不想被指控谋杀而没有自首。如果这是事实，那么凡·高会试图保护他们，然后接受他的宿命。当警察询问伤势严重的凡·高是否想自杀，他迟疑地回答“是的，我想是如此”，而且“别责怪任何人，我想杀死自己”。他只想死，他的朋友兼画家同伴埃米尔·贝尔纳可以为此作证。

渴望一了百了的念头，在提奥写于哥哥死后的信中也反映了出来。笔者将从他在事发后几天写给他们的妹妹莉丝（Lies）的信中援引一个段落：

> 说这是一件好事，他已经安息——我依然感到踌躇。也许我会发现它是这个地球上最大的人生暴行之一，他可以被视为面带微笑走向死亡的殉道者之一。他不想活下去了，而且头脑如此冷静，因为他永远在为自己的信念而奋斗。要知道，他是一位常与伟人携手并进的大艺术家。这一点最终将为世人所公认，许多人将为他如此英年早逝而唏嘘不已。他本人是希望死的；当我坐在他的身边，对他说我们将尽力治好他，然后希望他摆脱这种无望状态的时候，他说‘永远与痛苦相伴’。我感到他这么说是什么意思。不久之后，他忍着痛苦在一分钟内合上了眼睛。然后他变得非常平静，再也没有苏醒过来。

1914 年，凡·高被埋葬在奥弗，就像时隔不久后的提奥一样。如果你来到这一带，奥弗是非常值得造访的。加歇医生的家依然在那儿，凡·高住过的拉沃旅馆现在已向公众开放，这样你就可以参观他一度住过的光线暗淡的房间。

然后，漫步穿越《麦田与乌鸦》（*Wheatfield with Crows*）中美丽的乡村，凭吊就在村外的两处坟墓，从而结束你历时短暂的访问。

《麦田与乌鸦》是艺术家最负盛名、可能也是最易引起猜测的油画之一，创作于 1890 年 7 月，凡·高生命的最后几个星期。由于戏剧性的黑云、不祥的乌鸦和被截断的小径所透露的末日将临的凶兆，许多人声称这是他的绝笔。不过，由于他在离世前夕这一时期没有留下书信，我们只能推测哪一件作品是他的绝笔，但看来好像当属《树根》（*Tree Roots*，见第 61 页）。

凡·高的遗产

许多艺术家深受凡·高的影响，他的作品是用人们前所未见的色彩与形状画成的。凡·高生活和工作的历史时期，不仅社会发生了急遽变化，而且人们观察世界的方式也实现了根本转型。艺术家也决不例外；印象派画家有悖常规地运用更绚烂的调色板来捕捉每个稍纵即逝的瞬间，大胆地从周遭的现代世界中汲取入画题材。属于稍许年轻一代的凡·高见证和呼吸着这种变化，进而在创作上甚至实现了更具革命性的突破。他的作品所揭示的，不仅仅是他眼见的世界，还有他是如何感受它们的体验。他的绘画就是他的忏悔录；我们不能不为之动容的，是他激情洋溢、深具个性本质的用色和笔触似乎感应情绪的恣意挥洒。想想真是匪夷所思，凡·高除了短时期和高更合作外，独自创作出那么多自成一体、反过来又决定 20 世纪现代艺术进程的作品。他甚至没有时间向后世艺术家解释自己的艺术。再说，不需要任何解释的理由也非常充分——凡·高油画与素描的色彩和造型替他履行了那份职责。对于他的艺术魅力和激情，谁也不可能置若罔闻。当年不可能，现在不可能，将来也不可能。

众艺术家论凡·高

“……独一无二的先驱；他在茫茫深夜中孤独奋斗，他的名字文森特将为后世所铭记。”——伊萨松（J.J.Isaäcson）

“……火红的头发……连同锐利如鹰的目光和刻薄挖苦的嘴，可以说……粗壮的体格（造成）急剧的动作、痉挛的步态和慷慨激昂的见解。”——埃米尔·贝尔纳

“这是个疯子。”——莫里斯·德·弗拉芒克（Maurice de Vlaminck）

“但是，我在某种程度上得感谢文森特·凡·高，那就是……印证了我本人对绘画的原创性构想。还有，在困难的时刻回想一下比自己更加不幸的人。”——保罗·高更

“凡·高的书信对他的绘画没有什么加分。它是不可思议的，但它就是如此。”——亨利·马蒂斯（Henri Matisse）

“凡·高一向是我的导师和楷模。作为一个人和艺术家，他之于我都是非常宝贵的。”——亚力克塞·约伦斯基（Alexej Jawlensky）

“他的凄恻伤感没有告诉我什么，尤其是在我目前所处的阶段，但他无疑是一位天才。这里有一个精灵在闪烁的星光下蒙难受苦。他通过工作，在灾难降临前夕，使自己得以解脱。我们在这里讲到最深刻的悲剧，真实的悲剧，自然的悲剧，悲剧的经典范例。允许我发抖吧。”——保罗·克利（Paul Klee）

“面对绘画艺术迄今所孕育的最大天才……一幅幅地检视他的绘画，一步步地追随他的悲剧人生……那是一种炽烈的情感与近乎宗教般的敬畏感彼此交织的体验……”——亨利·凡·德·威尔德（Henri van de Velde）

“凡·高是我们大家的父亲。”——马克斯·佩希斯坦（Max Pechstein）

“凡·高支持表现和感知，就像反对印象派和自然主义一样。充满激情的专注、青春般的真诚、率直、深度、开放性和幻觉。表现主义一词是别人杜撰的，但在我们的社团内，我们以表现主义手法获取灵感已有很长的时间了。凡·高：对我们而言，他代表着表现你自身的勇气。”——欧内斯特·布拉斯（Ernest Blass）

“凡·高在离开荷兰和比利时后前往法国南方，在那里发现了太阳、光线、色彩。在这里取得了创新突破，凡·高受灿烂阳光的驱使描绘人物和风景（受光照启迪）。他怀着如此的移情刻画丝柏，以至于他变成了丝柏，他就是丝柏。那是他的绘画宣告完成的瞬间。当他携画布回归，将其放下端详时，它就跟我们今天凝视它和目睹奇迹发生的那个瞬间一模一样。凡·高触摸到了生活的秘密。”——卡雷尔·阿佩尔（Karel Appel）

你瞧——一回到这里，我立刻开始工作——然而画笔几乎从我手中滑落，而且——清楚地知道自己要的是什么，我从那时起又画了三幅大的油画：天空中云潮汹涌，天底下是一望无际的麦田。而我刻意地表现了悲伤和无尽的孤独。[第898号信，奥兹河畔奥弗，约1890年7月10日]

凡·高是何时声名鹊起的?

众所周知的事实是，凡·高在 1890 年离世后迅速地声名鹊起，这是他一生中最具悲剧色彩的际遇之一。然而，是什么原因促致他在如此短的时间里一举成名的呢？是因为他不合时宜的夭亡吗?

笔者确信，要是凡·高活得更长久些就会成为一位（更加）成功的艺术家。他在生命的最后六个月里变得愈益出名，油画和素描作品在多次展览会上独占鳌头。1890 年 3 月，即他去世前几个月，巴黎独立沙龙展上推出他不下十幅的作品。评论界普遍表示首肯。凡·高的才华得到了认可，尤其是在画家同行当中。在逝世前的几个月，他还售出了第一幅油画。比利时画家安娜·博希（Anna Boch）以 400 法郎买下《红色葡萄园》（*The Red Vineyard*），对当时相对默默无闻之辈的作品来说，这是一笔数目可观的金额。然后，时至 1889 年 9 月，报纸上第一次刊登出对他的作品大加赞许的文章。伊萨松写道："是谁运用形状和色彩，诠释了本世纪的人满怀愈益滋长的自我意识在体验着的蔚为壮观、气势恢弘的生活？我只知道一位，他是先驱，是黑夜中孤军奋战的格斗士，未来数代人应该把他的姓名镌刻在他们的记忆中：文森特。"在为《时尚》（*La Vogue*，1889 年 9 月号）点评展览会的文章中，艺术评论家菲利克斯·菲尼翁（Félix Fénéon）就凡·高绘画写了下述文字："他的《鸢尾花》将紫罗兰色部分狂暴地撕碎而缀满条状叶子。凡·高先生即使举止乖戾，也还是一位如《星夜》（*Starry Night*）般妙趣横生的色彩大师：扁平的笔触将苍穹勾勒成粗率的编织状，空中纵横交叉着白色、粉红色和黄色的圆锥体，那是用直接挤自颜料管的颜色涂抹的星星；河面上闪烁着迅猛狂扫而成的橙黄色三角形，而停泊的船只附近，有怪异不祥的人影在疾步行走。"

1890 年 1 月，法国著名艺术评论家乔治－阿尔贝·奥里埃（George-Albert Aurier）为《法兰西信使》杂志撰写了一篇对凡·高充满溢美之词的长文。他盛赞凡·高的原创性、对浓烈色彩的运用和全力传递情感的手法。

自己的才能以这种方式得到认可，凡·高对此并不感到欣慰，反而作出了略带歉意的回应。为什么文章不谈别人，偏偏只提到他呢？他对成功还怀有一丝恐惧心理。他的名声是在自己确实不再向往它的时候降临的——对成功的希望多少已经消弭。相反，他觉得自己的应尽之责，是成为以类似的现代方式作画的其他艺术家的拓荒者。

他在给母亲的信中写道："我对他们评论我的文章真的十分吃惊——早些时

但在南方，漂亮的是葡萄园，它们坐落在平整的土地上或是在山坡上。我观赏过葡萄园，还给提奥寄了一幅画，画的是色彩缤纷的葡萄园，深紫、绯红、金黄、碧绿、蓝紫，就像荷兰的五叶地锦。我和麦田一样喜爱葡萄园。还有，这里的小山坡上，满是百里香和其他芬芳的植物，非常美丽。而且因为天高气爽，站在高处眺望，能比家乡看得远得多。［第788号信，圣雷米，1889年7月］

候，伊萨松就想这么做了，但我叫他不要写；当我读到文章的时候，悲从中来，因为它夸张太甚；情况不是那样的——确切地说，支撑我工作的是一种感觉，有几个人和我做的一模一样，所以为什么这篇文章执着于我而不是其他六七个人？”[第855号信，圣雷米，1890年2月19日]

出售自己的作品，这始终是凡·高难以突破的瓶颈。即使他从一开始就力争成功，但始终做好了两种心理准备。这位艺术家早年希望达到能尽快出售或成为一名杂志插图画家的水准。有一段时间，他力求听从安东·莫弗的建议，但实际上则强迫自己画以赏心悦目的效果迎合市场的水彩画。

凡·高不断地徘徊在两个极端之间——一方面希望出售，另一方面希望把作品保留到真正卖得出去的时候。文森特向往的理想境界，是让提奥出售他的作品，自己只是画素描和油画。遗憾的是，提奥不相信作品具有盈利性。而且他是对的。凡·高是如此超前于他所处的时代，连提奥也难以对他的绘画作出正确的评判。

如果凡·高知道他的画作有朝一日会跻身于世界售价最高的艺术品行列，他会作何感想呢？例如《加歇医生》(*Portrait of Dr.Gache*，见第49页)，1990年在纽约佳士得拍卖行拍出了创纪录的8250万美元。疯了一样的高价！它们高得是否有正当理由呢？我们将在后文再来谈这个问题。

凡·高《星夜》1889年

被束之高阁的遗作

提奥没有像他希望的那样，促成哥哥的作品进入公众视野。他罹患多年的疾病对他产生了很大的影响。它被诊断为由梅毒引起、已发展至末期的麻痹性痴呆。哥哥去世所带来的哀痛，严重地危及他的免疫系统。1890 年 10 月 9 日，提奥的身体和精神都濒临崩溃，三天后被送进医院。他死于 1891 年 1 月 25 日，被埋葬在乌德勒支（Utrecht）。他的遗孀将提奥的灵柩移葬至奥弗，以便兄弟俩在地下毗邻而居。

在两兄弟与世长辞后，家族拥有了作品。凡·高的母亲和妹妹各自放弃了属于她们的遗产，转而由提奥最小的儿子文森特·威廉·凡·高继承。在年幼的文森特·威廉成年之前，提奥的遗孀约翰娜·凡·高－邦格（Johanna van Gogh-Bonger）被指定为遗产执行人。

约翰娜回到荷兰，将凡·高所有的作品储存在她家里。一开始，画作只是不带框架地倚墙而立，数百幅素描保存在宽大的文件夹里。当时的藏品价值估计为 2000 盾。这位遗孀靠经营提供住宿和早餐的家庭客栈以谋生。

克洛尔－缪勒博物馆

约翰娜决定将一生献给对丈夫和大伯的纪念。她和艺术家只见过两次面，却通过阅读兄弟俩的来往书信，逐渐对他有非常深入的了解，并在 1914 年出版了这些书信。

在艺术顾问布莱梅（H.P.Bremmer）的帮助下，凡·高作品的早期收藏者兼奥特卢（Otterlo）克洛尔－缪勒博物馆（Kröller-Müller Museum）的创办人海伦·克洛尔－缪勒（Helene Kröller-Müller）从约翰娜处购得凡·高的若干作品。约翰娜对出售事宜甚为谨慎，意在将大量有代表性的作品收集在一起。

凡·高博物馆

过了一段时候，约翰娜决定不再出售凡·高作品，以期保留他大量优美、有代表性的艺术作品。一个基金会被设立了起来，目的在于将到那时为止尚未出售的凡·高油画与素描，还有其他艺术家的作品以及图书和版画藏品收集在一起。它是在荷兰政府倡议下成立的。

1962 年，价值 1500 万盾的藏品转交给基金会，虽然藏品的评估价超过 3 亿盾。荷兰政府建造了凡·高博物馆，依然充当藏品的管理者。政府永久租借这些藏品。凡·高博物馆收藏有世界上数量最多的凡·高作品——大约 2000 幅油画，500 幅素描和 800 封书信。

身后的盛名

凡·高刚去世后不久即被公认为是一位举足轻重的艺术家，他的作品展览会也组织了好多次。虽然艺术家是在 1890 年 7 月底逝世的，但荷兰文学杂志《新导报》（*De Nieuwe Gids*）和《共同商报》（*Algemeen Handelsblad*）在同年 12 月就载文热情赞扬凡·高的全部作品。人们很快萌生了好奇心。约翰娜早在 1891 年和 1892 年就组织过展览，鹿特丹、海牙及阿姆斯特丹也在 1892 年和 1893 年相继组织展览。

反响轰动一时。各种其他展览接踵而至。在销售方面真正取得突破的，是 1901 年在伯恩海姆-热纳画廊（Bernheim-Jeune）举行的一次展览。1905 年，

凡·高《树根》1890 年

约翰娜在阿姆斯特丹市立博物馆组织了一次展览，参展作品不下 474 件。从那时以来，他的声誉与日俱增。

书信：世界文学

我强烈推荐大家读一读凡·高的书信。他不仅是一位伟大的画家和制图员，也是一位天才作家。凡·高的书信已被公认为世界文学的亮点之一。他的联想能力无比丰富。

凡·高的书信大多被保存了下来，它们在相当程度上促成了他名声大噪。他的迷人风采、戏剧般的人生和他的奋斗确保了艺术家富于浪漫气息的形象。

保留下来的书信总共约有 800 封。它们构成了对凡·高思想、理想和个性的绝妙写照。经过历时 15 年的研究后，新版《凡·高书信全集》于 2009 年用荷兰文、法语和英语出版发行，中文版和日语版不久也将陆续问世，不仅装帧精美，而且附有详细注释。

如果想在网上浏览这些书信，可登录 www.vangoghletters.org，这是一个可以免费访问、附有丰富插图的网站，收入了凡·高所有已知的用荷兰语和法语写就的书信以及其英文翻译本。对于希望更多地了解某个特定时期或主题的人来说，这是一部必读之书。

凡·高书信对当时的文学作品多有指涉，表现出博大精深的学识：凡·高贪婪地快速读完一部又一部小说。从莎士比亚到左拉和查尔斯·狄更斯，他无一不读得烂熟于心，给人的感觉仿佛通过阅读书信即可了解艺术家。你可以读到他是如何运用行之有效、通常极具说服力的言辞，巧妙地操控弟弟把事情办成的。你可以追随他创作素描和油画的发展轨迹，以及他是如何激动地向提奥或艺术家朋友畅谈创作心得的。读罢书信，不难看出：他付出的心血要远远超过最终传递给我们的印象……

《树根》似乎是文森特·凡·高最后完成的一幅画，看起来好像是用粗放的涂抹和厚涂的颜料勾勒色彩和怪异形体的大杂烩。画面寓意难以解读，倾向于表现抽象情趣。趋近细察时可以分辨出棕褐色沙土上的树根、植物和树叶。凡·高常以别出心裁的手法将构图拦腰截断。

凡·高的内心抗争

每个人的生命中下点雨是必然的。白昼黑暗而阴沉——那是千真万确的，不可能有别的样子，但我很好奇白昼黑暗而阴沉的天数有时候是不是太多了？

——文森特·凡·高

引言

文森特·凡·高不仅是一位具有偶像地位的画家，而且还是造诣精深的书信作家。他的书信文采斐然，观察犀利，堪称是世界文学的最佳典范之一。这些书信为我们提供了有关他的全部作品和艺术家抱负的珍贵信息。

凡·高的许多书信不仅令学者和艺术史学家等圈内人士深感兴趣，而且对涵盖面宽广得多的人群也意义深远。不管你是否受过艺术教育，它们都是令人为之着迷的读物，绝妙隽永的隐喻俯拾皆是，彰显了一个生存受制于激情、恐惧和悔恨的人的生命高潮与低谷。他才思敏捷，言辞雄辩，表现出巨大的信念力量。书信揭示了一个做事从不三心二意的人，一名苦苦求索的斗士，以及一个才智超群、精力无穷的激情灵魂。

他在孩提时就为人孤僻，每每爱逃离生长于斯的牧师住所，来到荒寂的野外捕鱼或解剖昆虫。他性格内向、郁郁寡欢、顽固执拗又生性多疑。他的性格和教养没有给生活带来安逸，他选择成为艺术家甚至令事态进一步趋于复杂。

从书信中不难推断，文森特迈出的每一步都伴随以苦难和抗争。后来他坦承，身为艺术家不外乎就是抗争，但他相信，一个人无论在生活抑或事业上都会从逆境中受益。

“虽然我抱着一个稍纵即逝的愿望，希望过上无忧无虑的生活，向往好运——我再次倾向于喜欢艰难困苦，喜欢小心谨慎，喜欢一种艰难的生活——并且认为，这才是一种较好的生活，我可以从中学到很多东西，对此我做得并不算太差，这不是一条通向毁灭的道路。”[第 226 号信，海牙，1882 年 5 月 12 日或 13 日]

“我的生活，也许还有你的，毕竟已经不像从前那样阳光灿烂了，但我还是不想回到从前，因为正是经历过苦难和磨砺，我才得以看到出现了一些美好的东西，也就是那些感情的表现。”[第 235 号信，海牙，1882 年 6 月 3 日]

本章选取三个议题来揭示凡·高的内心抗争。首先，他是如何看待自己的艺术家身份的？他在依附弟弟提奥的同时是如何保持自尊的？由于他的作品从未真正被出售过，这构成了一个令他进退两难的窘境。

其次，他的作品在题材和特色方面应有什么样的倾向？他应该会绘制哪一类作品？他是否会迎合公众的欣赏趣味？得益于在艺术交易行从业近七年，博览艺术文献，文森特充分领悟什么画卖得出去、什么画卖不出去。然而，他在绝望抗争之余依循的仍是自身对画质的认知。

最后值得一提的，是他的精神错乱问题。看来，他备受他称之为“神经质”的煎熬好像已有多年，只是在他来到阿尔勒后才趋于表面化。担心压力和焦虑导致旧病复发，唯恐病情日趋恶化，无一不给他造成巨大的隐忧。

对于我们所有想了解艺术家抗争历程的人来说，下述言论是耐人寻味的，但多少也有点让人窘迫。大致说来，文森特不愿意我们去挖掘他的私生活。他把艺术家的生活形象地比喻为产妇内衣上的血迹：

“……依我之见，一个画家在向公众展示他的作品的同时，有权对自己的私生活及内心斗争守口如瓶……除非最亲密的朋友可以帮他分担。……一个画家的作品和他的私生活，犹如一位坐月子的产妇和她的婴儿。你可以看看她的宝宝，却不可以掀开她的内衣，瞧瞧衣服上是否沾染任何血迹，那可不是探视产妇的得体之举。”[第211号信，海牙，1882年3月11日]

但是，当那些书信让我们近距离地了解艺术家的意图和欣赏他的艺术时，我们这样做也许是可以得到原谅的。

凡·高13岁时的照片

由于自我怀疑和焦躁不安的作祟，文森特最初缺乏一种定向感，这也解释了他的生活起步何以坎坷而迟缓的原因。他花费了多年时间，才恍然醒悟自己的天职所在。

一开始，家人急于帮助他，为他提供了众多的机会。父亲殷实富裕的哥哥、靠出售艺术品发财的森特伯伯（Uncle Cent），为同名侄子提供了在古皮尔艺术画廊谋职的机会。然而，文森特不幸没能适应环境，来回奔波于海牙、伦敦和巴黎之间，公司认为他在哪里最不易惹事就把他调遣到哪里。家人最害怕发生的事，在六年半后他遭到解雇时发生了。

当时的裁员完全不同于如今，尤其是在被自己家族建立的公司解雇的时候。文森特经常为屡遭失败而感到愧疚。在家人看来，他眼下是一个失败者，今后也永远是一个失败者。

凡·高 19 岁时的照片

失败者

在古皮尔公司担任助手失败了，后来当教师、福音传教士和图书销售员也失败了，文森特终于在 27 岁那年找到了自己的真正天职。当提奥建议他当一名艺术家或者确切地说是制图员时，文森特最初对这个想法嗤之以鼻：

“……我还很清晰地记得当时你对劝我当画家的评述，我当时认为你的话很不恰当而且我也不想听。”[第 214 号信，海牙，约 1882 年 4 月 2 日]

然而，他很快变得热情洋溢，决心通过这个新的事业去获取巨大成功，“我要大干一场，让生命活得够本，力争获胜”。从那时开始，他一直勇往直前，义无反顾，虽然愧疚感和屈辱感始终与他相伴。

一旦当画家的想法在他身上滋生，他就深知这是自己该走的人生之路，尽管它荆棘丛生。他未来的所有行动都转向创作优质的油画和素描。“我发现自己的工作……可以让我全身心地投入其中……我对绘画艺术抱有一定的忠诚之心，一定的信仰之情，这股强大的激流足够驱动人心。”[第 327 号信，海牙，1883 年 3 月 11 日]

他刚决定投身艺术生涯，是在比利时贫穷矿区一个名叫居斯迈（Cuesmes）的村庄里。他在那里反思了自己的诸多失败，并在信中谈及他相信随着时间流逝会越发清晰的目标：

“我确实有时能挣到钱养活自己，有时是靠某个朋友好心援助我；照现在的情况来看，我已尽己所能地生活，无论好坏；我确实已失去了好几个人的信任，我的经济状况确实非常糟糕，我的前景确实非常黯淡，我确实没法做得更好，单就谋生来说我确实浪费了时间，我的学业情况确实相当令人遗憾和沮丧，还有，我的需要确实太多，大大超过了我所拥有的。……但在我现在走的这条路上，我必须继续往前进；如果我什么都不做，如果我不学习，如果我不继续努力，那么我就会迷路，灾祸就会降临到我头上。我就是这么看的：继续，继续前进，那就是我必须做的。但你的最终目标是什么，你会问。我那最终的目标会慢慢清晰、渐渐成形的，就像随着工作更加认真，随着日益深入地挖掘那最初模糊、易变的想法直到它变得明确，一幅草图变成一幅速写、这幅速写又变成一幅油画一样。”[第 155 号信，居斯迈，1880 年 6 月 22 日—24 日]

作品卖不出去还算是艺术家吗？

他是否是一位艺术家？他认为这个问题不值得思考。他周围的人显然对他是否是“真正的艺术家”提出了质疑，因为他没能把自己的画作卖出去。尤其是在最初试着学习交易的几年，但也包括日后的岁月，他都在同别人对艺术家、对作品没有销路、靠弟弟生活所持的看法展开搏斗：

“作为谋生的行业，画画和学手艺、当医生一样行得通。做一名画家，无论如何，比那些游手好闲虚度光阴的人正当……如果要做比较的话，那么画家和工匠或医生更相近。”[第 214 号信，海牙，约 1882 年 4 月 2 日]

“至于怀疑自己是否为艺术家——这个问题太过抽象了。……我的生活规划就是尽可能又多又好地去画油画和素描——等到我的生命终结之时，我希望离

开时怀着爱、惆怅和思索回首往昔，噢，那些我原本能完成的画啊！”[第405号信，新阿姆斯特丹，1883年11月11日]

“我始终觉得，诗歌比绘画还要糟糕，尽管现实中绘画更脏，更烦人……”[第683号信，阿尔勒，1888年9月18日]

1889年10月21日，他在给母亲的信中写道：“我们这一行情况够糟糕的——事实上，一直都是如此——但是目前真的很糟。然而也从未有像现在这样的油画价钱。促使我们持续工作的，是我们之间的友谊和对大自然的热爱。而且，无论如何，既然不辞辛劳地选择要成为作画高手，那就无法停下手中的画笔。”[第811号信，圣雷米，约1889年10月21日]由于油画和素描是他唯一能做好的事情，他看不到放弃的理由：“到了时候，若不灰心，就有收成。”[第210号信，海牙，1882年3月11日]

提奥没能出售他的任何作品。他对巴黎人的欣赏趣味习以为常，经销印象派绘画作品也不多，所以认识哥哥的艺术特色想必有一定的困难，可话又得说回来，他也没有作过什么尝试。他不喜欢被迫展示文森特的作品，对其作品画质并不怎么信服。文森特意识到，自己突破常规的风格不合时尚口味，他必须走自己的路：“随着时间的流逝，我将越来越少地跟在别人后面亦步亦趋，不管他们是什么人，画商也好，画家也罢。”

人们显然看不到文森特作品的价值所在，它太过现代，太过粗拙，以至于难以受到赏识。公众始终漠不关心，这一隔阂是无法消除的：“……没有人逼着我们创作，不可避免的是，对绘画漠不关心的态度非常普遍，而且会持续很久。”[第663号信，阿尔勒，1888年8月18日]

文森特尝试另觅他途为自己的生存境遇进行辩护，计划在伦敦和马赛建立“印象派”（即当代）艺术永久展览。他还推动提奥向荷兰介绍印象派，用自己的作品去交换其他艺术家的作品，以便为他和提奥建立收藏库存。

◉ 不经过战斗就没有胜利，没有哪一场战斗是不经历磨难的

凡·高完全意识到：抗争是做一名艺术家固有的宿命。在古皮尔画廊工作期间，他阅读了大量有关艺术和艺术家的图书，深知艺术家的一生很少是不经历磨难的。虽然“献身于纯艺术的流血生命”是耗人精力的，但他大体上能接受由此带来的后果。

自责、悔恨、可怕的渴望以及肉体与精神磨难，似乎一直是文森特个人和职业生涯固有的宿命。他从小受到的宗教熏陶（他父亲是一名荷兰改良派牧师），或许促成了他信奉受益于逆境的理念。他常常流露出一种注重苦难悲哀、蔑视麻木不仁的倾向。总而言之，他把抗争当作为无法更改的事实来接受。在他的心目中，以承受痛苦而论，女人可能是至高无上的，但在其他方面的优胜者则是男人。

1876 年他在当教师期间从伊斯勒沃斯（Isleworth）写的信，通篇是对《圣经》的冗长引述和关于抗争、悲哀、梦想破灭的赞美诗以及他对上帝的信仰。

“人在世上岂无争战？你在病中时一定会有这样的感觉。不经过战斗就没有胜利，没有哪一场战斗是不经历磨难的。”[第 95 号信，伊斯勒沃斯，1876 年 10 月]

“忧愁强如喜笑。不，患病并得到上帝臂膀的支撑，在患病的那些日子获得新的想法和决心，在我们不患病时这些都不会发生在我们身上，而在那些日子能获得更加明确的信仰和更坚定的信赖，那就不算是什么坏事。”[第 95 号信，伊斯勒沃斯，1876 年 10 月]

◉ 不受苦，何来美

文森特对待自己的职业非常认真。他希望对社会作出有益的贡献，认为对得起上天赋予的生命是一种责任。“无愧于生活”的观念，可以从他接受荷兰改革教派以责任为重的宗教熏陶中找到渊源。

“要影响世界，就必须对自己漠不关心。……人被安置到地球上来，不仅仅是为了寻求快乐；他被安置到这儿来，也不仅仅是为了做个好人，他前来这儿是为了通过社会成就伟大的业绩，是为了达到高尚的境界，超拔差不多所有的个人为求生存而浑噩度日的平庸。”[第 33 号信，伦敦，1875 年 5 月 8 日]

游手好闲的生活，务必不惜一切代价去规避。文森特做好了充分准备，要

过一种纯朴的生活，以面包和咖啡（偶尔还有一杯酒外加土豆）为食，不畏艰难地迈出每一步。但是，他也有做事过头的倾向。他在德伦特冒着冬日的严寒长途跋涉六个小时，以便赶火车去父母亲的家，或者在阿尔勒的极端气候下搭起画架：“不过风很大，刮的是那种非常可恶、如泣如诉的西北风；当我不得不顶着风作画的时候，这风常常让人心烦意乱，这时我就会把画布平铺在地上，跪着作画，因为画架根本就站不稳。”[第 653 号信，阿尔勒，1888 年 7 月 31 日] 在阿尔勒，他一连三个星期靠船上供应的饼干、鸡蛋和牛奶度日，因为付钱雇佣模特儿对他更加重要。

这仅仅是少数几个例子，但从书信中可找到更多的案例。体力消耗殆尽，近乎自我否认的偏执，对他成为一名真正的艺术家似乎是必不可少的。它证实他对职业的构想只服务于一个目标：创作了不起的油画和素描。

除了抗争不可能避免的事实外，他还挖掘到蕴含其中的美：“我在冥冥之中看到，即使是奇形怪状、推崇荒诞习俗的人，或者是个性十足、任性善变的人，倘若心中怀着真正的忧伤，为背运的苦痛所触动，也能成为一个有独特个性的戏剧性人物。……的确，对我来说，大自然中暴风雨的变化莫测和人生中的悲怆跌宕是最具魅力的。法国普罗旺斯的‘帕哈杜’小村庄固然漂亮，但是耶路撒冷的耶稣蒙难地客西马尼更为凄美。”[第 381 号信，海牙，1883 年 9 月 5 日]

既然希望用艺术来传递真实情感，文森特就需要对悲哀有切身的体验，进而把这种感受融入自己的作品：“艺术家的人生实为苦难之旅！但这也许是我们继续活下去的原因。激情赋予我们生命，当激情不再时，我们便会死去。我们要远离这些满布荆棘的道路，但它们也有着狂野的诗意。”[第 675 号信，阿尔勒，约 1888 年 9 月 8 日]

凡·高《播种者》（临摹米勒）1889 年

文森特把自己的艺术人生和他的光辉榜样让－弗朗索瓦·米勒作了比照，阿尔弗雷德·桑西埃（Alfred Sensier）在 1881 年出版的传记中描述了米勒生平。桑西埃将米勒看成遭到误解的天才，同公众舆论特别是头脑偏狭的画商展开了争论。这部传记印证了文森特的观点：艺术创作是一场战斗。按传记的说法，米勒始终为卑微的出身而感到自豪，且俨然如农民似的脚蹬木屐。同样，文森特的穿戴酷似工人，内心涌动着一种向往禁欲苦行的冲动。这里仅举一例，尼厄嫩有位医生告诉文森特：他一身蓝色工匠服，加之其貌不扬，满口因营养不良而造成的坏牙，看上去活像工人，这时的他别提有多高兴了。医生不可能给予他更慷慨的恭维！

你寄给我那些米勒的作品，我非常高兴。现在我正充满热情地做和这些作品相关的工作。因为从来没有见过任何有艺术性的东西，我日渐松弛，这些作品使我起死回生。……对我来说，似乎描摹米勒的这些画与其说是依样画葫芦，不如说是将它们用另一种语言演绎出来。[第 816 号信，圣雷米，约 1889 年 11 月 3 日]

凡·高《播种者》（临摹米勒）1881 年

孤独

艺术家承认自己与所谓的“社会”格格不入，而且他显然也缺乏与人融洽相处的能力。他终其一生都活在相对孤独中。无论走到哪里，他总会遇到疑虑的目光。他发现自己能交往的唯一之人，在某种程度上是纯朴如农民的人。

就文森特而言，他需要爱情和亲情，以便于正常经营私人生活和职业生涯。他很愿意过一种正常或者“真正”的生活，有妻子儿女相伴，这差不多要胜过任何其他事情：“在艺术家的一生当中，他对真正的生活——理想而难以企及的生活有着渴望；这种渴望永久不息，而且总会时不时地在他心头涌现。”[第 611 号信，阿尔勒，约 1888 年 5 月 20 日]

他身为艺术家一心扑在工作上，结果自己什么也没有挣到，这种生活方式使得稳定的“体面”关系和家庭生活成为不可能。在埃滕，与邻居凯依·沃斯的私情甚或联姻都没有成为现实，因为他被女方家庭视为不合格的人选。在海牙，他和西恩·霍尼克及其孩子同居了一段时间。他也许借着那种不伦之恋，尽可能贴近地觊觎了他理想中的家庭生活，但与妓女的关系以失败而告终。置身于文森特那样的处境，恋爱关系与身为艺术家看来像是互相排斥的。他始终是一个形单影只的人，除了提奥之外，从来没有真心实意地交过朋友，就连与提奥的关系也是说不清、道不明的。

“绘画心怀嫉妒，要求我们投入所有的时间，所有的精力。”[第 236 号信，海牙，1882 年 6 月 6 日]

这并不是照着模特画出来的，但却是照着样本直接临摹的。告诉你吧，在我的画纸下我垫了两张纸。我煞是费事地画出了正确的轮廓，当我把素描从画板上取下来时，我垫在下面的两张纸上都是清晰可见的线条轮廓，我立马根据第一张画把它们画了出来，因此这张比第一张还要显得气色好。[第216号信，海牙，约1882年4月10日]

凡·高《悲哀》铅笔画 1882年

人生与艺术

凡·高《悲哀》色粉画 1882年

爱情和亲情不仅对他的个人生活至关重要，而且对他通过作品表达这些情感也是必不可少的。“艺术家并不需要像教堂里的牧师或募捐者那样，但他必须对人怀着一颗温暖的心。”[第278号信，海牙，1882年11月1日]

他需要感受爱，也需要感受被爱。他的生活与他的艺术有直接的关联：“倘若我希望自己笔下能更加生动，那么我的生活中就必得有更多的热情。”[第432号信，尼厄嫩，约1884年3月2日]

“也许我真的没法和那些热衷于行为规矩的人融合在一块，但在另一方面，我也许对穷人和思想简单的人们反而更有感情。……毕竟这是正确的，也是合情合理的，我，作为一名艺术家，生活在我所感觉得到并力图表现出来的地方。”[第 207 号信，海牙，1882 年 3 月 3 日]

身为艺术家和从事创作的目的之一是卖画。文森特尽己所能地尝试和创作优秀绘画，并希望在艺术生涯的多数阶段能与成功近在咫尺。

作品卖不出去的艺术家

企盼成功的压力，在文森特的肩上显得沉重不堪。27 岁的男人，理应是在攀登事业阶梯的路上。虽然他让提奥在卖画一事的考虑上将所有油画和素描视同己出，但是这令他忧虑万分，他得不断地想其他办法去挣钱。一切都无济于事。然而，文森特不愿意相信他的创作活动是毫无意义的。

“感觉自己确信能成功，是否太傲慢了？然而人可能相信：我的内心挣扎不会是徒劳的，我要斗争；尽管我有各种弱点和错误，我要尽力同它作斗争。即使我失败 99 次，连第 100 次也失败了，我还会站起来！人为什么谈论‘生存手段’，好像我一点都没有？画家若没有奋斗和劳苦，那会有什么呢？除了用奋斗和劳苦来寻找脚下坚实的大地之外还有什么方法？以此开始，有着善于画画的手的人难道不能挣得什么吗？”[第 187 号信，埃滕，1881 年 11 月 19 日]

油画和素描是他擅长驾驭的一切，如果没能获得成功，后果就是什么也卖不出去。然而，他没有改变自觉理当恪守的画风，这是耐人寻味的。他内心深知自己在创作独具特色的作品，到一定的时候世人会给予首肯的：他太超前于置身其间的时代了。

文森特活着是为了工作。工作使他付出了生命的代价，也造成他巨大的焦虑，但是他从来没有放弃这一职业。然而，有时候，这又不是他能承受的：

“就我而言，我经常为我的生活不够平静而忧虑重重，所有这些失望、烦恼和变化意味着我在我的艺术道路上没有得到自然和充分的发展。”[第 764 号信 ,1889 年 4 月 28 日—5 月 2 日]

“我很可能还要受更多的苦。坦白说，我一点都不喜欢那样，因为无论如何我都不希望走一条殉道者之路。因为我一直寻找的东西有别于我所不具备的英雄主义，我自然敬仰他人身上的这种品质，但我再说一遍，我并不认为那是我的义务或者理想。”[第 764 号信 ,1889 年 4 月 28 日—5 月 2 日]

与金钱抗争

文森特还要经常同囊中羞涩的窘境进行抗争。他真的相信自己是一个“贫穷”艺术家。当颜料、画笔、画布和绘画器材短缺告罄时，工作毕竟会陷于停滞。

“我的选择不外乎成为出色的画家或者糟糕的画家。我选择了前者。但画油画就像养一个败家的情妇；没钱根本不行，再多的钱也不够花。因此，绘画应该由公众买单，画家不应由于绘画而负担过重。”[第 663 号信，阿尔勒，1888 年 8 月 18 日]

然而必须指出，他作为艺术家的地位是相对有保障的，因为弟弟每个月都给他薪俸。与提奥以“赞助人”身份给予财务支持相比，许多同时代画家的处境就没有那么幸运了。文森特的需求总是多多益善，工作速度之快，致使他偶尔只好将画布反复使用不止一次甚至拿桌布用作基底，尤其是在尼厄嫩和巴黎期间。所以，他为了雄心壮志而永远囊中羞涩是不足为怪的。如果要雇佣一名模特儿，那么他就没有余钱可以顾及饮食。如果他想把阿尔勒的“黄房子”装潢得像模像样，借以建立“南方画室”，那么他就必须节省使用颜料。

艺术长存、生命短暂

在他人生的最后数年，书信语调变得愈益忧伤而悲切：“现在，作为一个画家，我永远都成不了大气候，我充分感觉到这一点。”[第 768 号信，圣雷米，1889 年 5 月 3 日]

尽管感到了自己的星途正在闪耀的事实，他还是放弃了对功成名就的希望。对他来说，重要的是画作即使没有销路，也对少数人具有无论在当下抑或日后都不容低估的价值。每位艺术家无非是整个链条上的一个环节，给他带来安慰的正是这种思想，还有那句“艺术长存、生命短暂”（Ars longa,vita brevis）的名言：“画家……死后被埋葬了，他们通过自己的画作与下一代人或者几代人交流。”[第 638 号信，阿尔勒，1888 年 7 月 9 日或 10 日]

在自愿居留两年的圣雷米精神病院里，他对自己的一生作了反思：“我在面对自己的生活时，也有一种麻木的感觉，我工作时对面几个工人的生命也是这样……然而我的余生与我 12 岁在寄宿学校时一样糟糕，在那所学校里我一无所获。……但是，如果我们想要工作的话，我们就要对时代的艰辛和我们的隔绝状态屈服，这有时候就像被流放一样难以忍受。现在在我们面前的，在我们

已经这样失去的年华里，相对而言，是贫困、疾病、衰老、疯狂和永远的流放。”[第785号信，圣雷米，1889年7月2日]

“为了取得成功，为了保持富裕，一个人得有和我不一样的气质。我从来没法实现我原本可以或者应该得到或追求的理想。但因为我这么频繁地头晕目眩，我只能过着第四或第五等的生活。尽管我清晰地感受到类似于德拉克洛瓦和米勒的价值、独创性和优越性，我特意告诉自己，是的，我是个东西，我能混出点成就。但我必须植根于这些艺术家，然后创作出在相同方向上我力所能及的些许作品。”[第801号信，圣雷米，1889年9月10日]

“人们花大价钱购买已故画家的作品。他们总是指着远离人世的画家的画作，自以为是地贬低在世的画家。……我可以想象，一位画家身上最重要的品质，是画出精彩的油画；只要人类还有欣赏非凡之美的慧眼，那些能作画的人，那些画得最出彩的人，是一种能在未来流芳百世的创作的萌芽。”[第626号信，阿尔勒，1888年6月16—20日]

只有在最黑暗和最孱弱的时刻，他才会极其罕见地寻思舍弃身为艺术家的生活。在阿尔勒遭遇癫痫发作后，他时而萌念当一名男护士，时而打算揽下手边现成的活儿。

身为艺术家必须作出牺牲，但以文森特而论，考虑到他的个性与境遇，这犹如一场无休止地抗衡贫穷、孤独和逆境的战斗。不可思议的是，他在涉足的领域都取得了成就。

德拉克洛瓦《圣母怜子图》约1850年

凡·高《圣母怜子图》（临摹德拉克洛瓦）1889年

只有汗流浃背才会挣到面包

艺术家对作品、画质、特色及市场营销的思索和感受，有一个随着时间推移而逐渐演变的过程。文森特最初对自己艺术的感受可以用“希望”一词来概括：希望自己能画出精彩、真诚，蕴含一定“寓意”的作品。当令人满意的初步结果显现的时候，他深信自己有些深中肯綮的话需要诉说，也希望一般公众能认可作品的画质进而收购它。

从来往书信中可以看出，这位准艺术家完全沉醉于工作，常常清晨四时就坐到画板后面，一直工作到深夜。文森特坚信，艺术感知是通过创作得以酝酿和成熟的，对此作了淋漓尽致的践行。他的职业道德标准是高度发达的，而且最重要的是他有的是耐性。

文森特没有走一条驾轻就熟的成功之路。在投身绘画生涯的最初几年里，他勤奋地着力提高素描技巧，认为这是一切艺术的基础。考虑到他的画技有限，又缺乏与生俱来的天赋，他力图克服表现透视和描画形状与比例的困难。从1882 年起，他开始利用木头或纸质透视框，上面带有横向和竖向细绳（间或还带有对角线）。这块板常被放在基底之上，便于他对它进行跟踪，然后通过透视框观察入画主体。即使到了晚期，他也会毫不犹豫地使用透视框，手边配备的透视框大小不一。

直至来到阿尔勒后，他才感到有足够的自信不用透视框来创作油画和素描。他在这里画出了《向日葵》（见第 32 页）、《卧室》（见第 31 页）和《摇篮曲》（见第 39 页）等旷世杰作。

“通过努力绘画，老弟，我希望有一天能画出些好的作品。我还没有画出一幅好画，但我正在努力寻求并在为此而奋斗，我想画一些严肃的画，一些令人耳目一新的画——一些有思想有灵魂的画！向前，继续向前。”[第 298 号信，海牙，1883 年 1 月 3 日]

文森特完全明白，自己不是一个与生俱来的天才，但又坚信熟能生巧。他似乎要用努力工作来为自己的生存进行辩护，这是一条漫长而充满艰辛的道路，但只要他“严肃地画下去，做到认真而诚实”，则又是一条通往某个重要目标的必经之路。

“在举步维艰的头几年里，也许会是流泪撒种，听其自然吧，不过咱们会坚持下去，等走过一段长长、长长的路，咱们就会感受到丰收的无声的希望。”[第403号信，新阿姆斯特丹，约1883年11月5日]

“素描，你知道，涵盖了许许多多的事物，包括那些很有可能被人主观漠视的东西，……而我，从我的角度来说，在很冷静地走自己的路，我知道只要我持之以恒，不久以后我就会超过那些自以为可以跳过素描习作的家伙了。”[第218号信，海牙，1882年4月18日或19日]

构成这位艺术家性格特征的，是他急于学习、不断提高的迫切心理。他的作品大多被他视为“习作”，无非只是学习和发现过程中的某个阶段而已。始终不渝的观察，被认为对更好地理解透视、色彩和形式是必要的。

他应该画哪一类作品?

通过实践，也通过探明什么是有效和什么是无效的，他逐渐意识到应该涉猎什么题材以及希望通过作品去表现什么。坎坷的经历使他对一切“文明”的事物形成某种反感。因此，他开始认同朴实纯洁、毫无矫饰的普通人，并在最朴实纯洁的邻人中寻找入画题材。正是在那里，他找到了“真实的效果”:

“那些为了生存而劳碌奔波在码头上、大街小巷中、屋子里、候车室里，甚至酒吧客栈里的人们，他们的活并不轻松，除非他是个画家。因为只有画家才宁愿待在这么肮脏污秽的地方，只要那里有东西可以画，而不愿待在茶会上衣香鬓影的女士堆里。”[第220号信，海牙，1882年4月23日]

“你肯定完全明白我是如何看待绘画的。为了达到真实的效果，一个人必须长时间地、努力地画画。”[第249号信，海牙，约1882年7月21日]

文森特有幸具备处处发现美的禀赋。不仅在普通人的栖息地或年老色衰的妓女脸上，而且还在大自然的色彩和形状中。他善于将凋零的柳树、路边的灌木丛衍化为某种庄严而永恒的题材。这种在最细微事物中窥探美的敏感性始终伴随着他:

“我觉得世间万物都蕴含着诗意，有时候，我会在令人难以捉摸的内心角落捕捉到诗歌的掠影。协调一致的形状和色彩本身产生了一种诗意。”[第675号信，阿尔勒，约1888年9月8日]

然而，题材和表现题材的手法必须保持协调，这一点非常重要。从贫民所的男子到《星夜》(见第59页)，从《吃土豆的人》(见第24页)到“黄房子”

左图：凡·高《破败的北街和挖泥工》1882 年
右图：凡·高《挖泥工》1882 年

的《卧室》（见第 31 页），他在绘画生涯早期与晚期对题材与风格的选择可能有很大差异。然而，它基本上可归结为同样的旨趣。他描绘海牙贫民所男子的素描风格简洁而不加雕琢，在尼厄嫩画《吃土豆的人》的手法充满原生态的粗朴，没有一丝习俗的甜腻。

“当描绘的事物风格上完全和谐，与绘画的方式也统一，这岂不是创造一件艺术品保证画质的关键吗？”[第 779 号信，圣雷米，1889 年 6 月 9 日]

在阿尔勒，他绘制出最价值连城的杰作。这一时期，文森特灵感层出不穷，干劲十足地奋发工作，力求酣畅淋漓地捕捉大自然摄人心魄的美。一幅又一幅油画应运而生，上佳的钢笔墨水素描令人目不暇接。正是在这里，他再度找到了风格，尤其是适合表现题材的色彩。

他相信，大自然蕴含着如此多样化的美，于是敦促提奥给自己邮寄更多的

绘画器材。一幅画在户外田野的开笔和收尾常常是一气呵成的：

“引导我们的，难道不是情感，不是人对自然的真挚感觉吗？——如果有时候这些情感太过强烈，于是忘掉自己是在作画——有时候一笔接着一笔，犹如讲话或书信中的字句般接连而来——我们一定要记住，事情不会总是这样的，因为将来也会遇到不少沉闷、灵感全无的日子。”[第 631 号信，阿尔勒，约 1888 年 6 月 25 日]

他感到最为幸福、最具活力的就是那些绘画刚刚“发生”，画笔运动几乎像小提琴的弓那样对他起着引导作用的时刻。题材与风格彼此达到了完美无瑕的契合。

早在海牙期间，文森特就自知有意创作激动人心的绘画，那应该成为他的终极目标。“我想画感动一些人的素描。”[第 249 号信，海牙，约 1882 年 7 月 21 日]

“……我想在画中表达某种像音乐那样抚慰心灵的东西。我想用这种永恒的、难以名状的东西去描绘男人和女人，光晕曾经被用来象征它，而我们则刻意通过光彩的本身和色彩的共鸣去表现它。”[第 673 号信，阿尔勒，1888 年 9 月 3 日]

重新回到那幅小素描——那是在海斯特画的，细雨蒙蒙中，站在满街的泥泞里，周遭一片闹哄哄。我把这幅画寄给你是想让你看到，我的素描本上捕捉到的是第一手的资料。要是叫伊特松（Iterson）或特斯泰赫本人，比如，站在海斯特大街的沙坑前，看着那些挖泥工在那铺埋水管或煤气管——我倒想看看他们这样的人会画出怎样的面孔和怎样的素描。[第 220 号信，海牙，约 1882 年 4 月 23 日]

真诚还是适销?

文森特在投身绘画生涯的十年间，同适销性问题进行了抗争。他的艺术适合销售吗？如果不适合的话，那么他该如何努力开拓作品销路呢？这是他孜孜以求的目标吗？ 如果他认为公众和艺术交易行对自己的要求是不恰当的，那么他是否应该屈服呢？这对他来说是一个尴尬的处境：虽然很讨厌自己在经济上对提奥的依附，但又相信艺术局限是一种客观存在。

在他看来，真正的艺术家的敌人是艺术交易行。虽然他在叔叔的艺术公司当过学徒，也从不讨厌营销，却逐渐憎恶起任何与之相关的事物。画商无法挖掘艺术家身上最优秀的品质，只会强迫他们打造为一般公众所接受的艺术。

“虽然那些大型美术公司的经理以将画家庇护于其羽翼之下而享有口碑，但对绘画而言，再也没有什么比这更大的敌人了。他们处理得并不妥当，虽然情况是如此这般：那些芸芸大众会来到他们面前，而非来到那些画家们身边，这些画家们也跑到他们身边寻求帮助——然而却没有一个画家不会公开说出或者私底下对他们有抱怨：他们迎合谄媚公众最最糟糕、最最低俗的趣味和倾向。”[第 279 号信，海牙，1882 年 11 月 1 日]

他完全清楚，描绘漂亮的题材有助于提高销售概率，却又拒绝违心地涉猎赏心悦目的水彩或图片。他对提奥和古皮尔公司驻海牙公司经理特斯泰赫的忠告置之不理，潜心专画素描。虽然他感到有必要画些水彩，仅仅为了一试身手和取悦于提奥，但这种媒介不适合他的气质。相反，他宁可在作品中传递真实的感受，使用木匠铅笔和炭笔的感觉才更加得心应手。

“真实的才会留存下去…… 一个人也许会在某段时期陷入金钱上的小麻烦，但他会战胜它们，而他之前被拒绝的那些画届时也会被售卖出去。”[第 206 号信，海牙，1882 年 2 月 25 日]

“虽然有时候忧虑压倒了我，即便如此，我很冷静，我的冷静基于我对绘画创作的严肃，基于我的沉思反省。虽然有时我会一时激情冲动，而我的性格又会令这种冲动火上浇油，但我还是镇定了下来……”[第 210 号信，海牙，1882 年 3 月 11 日]

“对大自然的感受和热爱，总是迟早会拨动一个艺术爱好者的心弦。画家的责任是深入研究自然，利用他的一切聪明才智，把他的感受融入画作，使它们为世人所理解。而那种画画的时候就留心着自己的画是否卖得出去的做法，在我看来不是一种正当的做法，而是在欺骗那些艺术爱好者。真正的画家不会那么做；他们早晚会得到那些认同感，因为他们对绘画真诚。”[第 252 号信，海牙，1882 年 7 月 31 日]

作品卖得出去固然是好事，但这样的好事并没有发生，那么除了不顾一切地继续奋进外，他还能干什么呢？与此同时，他必须满足于画友对自己表达的赞美。

“不言而喻，能卖掉一张素描，我当然会感到高兴，但真正让我高兴的是，假如像威森布吕赫（Weissenbruch）这样的真正艺术家对卖不出去（？？？）的习作或素描给予真实可信的评价，那么我也会据此作画。要知道，虽然我非

常看重金钱，尤其是现在，但对我来说首要之事还是画一些合乎情理的题材。”[第206号信，海牙，1882年2月25日]

初抵巴黎之际，他一定很惊异地发现海牙画派晦暗的调色板与印象派运用的鲜艳色彩之间存在的差异。于是，他开始改用更亮丽的调色板和互补色。他还对新印象派的点彩技法进行了试验，仿效他的朋友亨利·德·图卢兹－劳特雷克（Henri de Toulouse-Lautrec），描摹酒吧场景和孤独酒徒之类的现代题材。这些尝试全都旨在让自己的艺术走向现代化。他将保持更亮丽的调色板，偶尔以更雄浑的笔触结合点彩技法的运用，这样更符合他的个性。然而，这些画风变迁不应被视为迎合时尚趣味的流弊：文森特意在有选择地运用印象派和新印象派风格，借以试验和寻找自己的视觉语言。

对于文森特在阿尔勒时期绘制的杰作，提奥不时抱怨他对颜料使用过甚。后者不喜欢黏稠的厚涂，为此诉说了那么多遍。文森特置若罔闻，继续用充满活力的黏稠厚涂法来挥洒斑斓的色彩，并从容不迫地承担起因此销售全然无望的风险，因为相比商业价值，他更看重自我的艺术追求。在写给提奥的信中，常可读到他替自己行为所作的辩护，试着给予弟弟以旺销在适当时机必将出现的希望。

文森特并不奢望购买艺术品的公众，去理解自己貌似粗拙生涩的画作。正如他在1888年4月12日写给画友埃米尔·贝尔纳的信中说的：“我作画时不会遵循任何陈规；使用画笔不循常规，顺其自然，画布上有厚涂的区域，也有留白的部位——各个角落总有未完成的地方——对其再加工或者粗略处理；总之，我自觉这样的效果会令人感到沮丧和恼火，无法取悦那些对技法有先入之见的人。”[第596号信，阿尔勒，1888年4月12日]

时至今日，凡·高作品依然透着现代气息。人们继续会认为局部画布没有颜料覆盖是匪夷所思的，同时对其他部位形成的黏稠厚涂深感诧异。

文森特在信中对提奥说：“你是一位够格的油画鉴赏家，能看出和理解我可能具有的独到之处；你也有足够的鉴赏力发现，我在用笔精确方面不如别人，因此把我的画介绍给当今的大众是毫无意义的。这多半与风和环境有关，而与我的能力关系不大，如果没有了西北风、没有青春消逝和相对贫困这些无法避免的因素的话。”[第662号信，阿尔勒，1888年8月15日]

继怀揣希望和献身辛勤工作的阶段后，接踵而来的是对作品无人问津的挫败感。尽管付出了种种努力，为什么作品还是卖不出去，文森特对此无法理解。他知道自身的追求与时尚趣味相悖，但还是认定自己走在正道上。“……当我告诉自己，我已经画了这么多油画和素描，但一幅也卖不出去的时候，我便忧心忡忡。”[第 772 号信，圣雷米，1889 年 5 月 9 日]

“如果我们能画得像布格罗（Bouguereau）一样好，那么我们就有望挣到钱——但公众永远都不会改变，他们只喜欢柔和细腻的东西。若你的天赋在于画更加朴素的作品，你就不该指望自己的画作能带来什么；有足够的聪明去理解并热爱印象派油画的人们大多是、今后也仍然是买不起画的穷人。高更和我会因此而松懈吗？不会！但我们不得不甘于把贫困和孤独作为前提条件。……若能成功，那再好不过了，若我们有一天能过得阔绰些，那就太好了。”[第 660 号信，阿尔勒，1888 年 8 月 13 日]

尽管继续与成功无缘，尽管要同生计依赖诱发的满怀歉疚展开搏斗，但文森特还是信奉自己的艺术：借用隐喻来说，在最大的暴风雨中，他勉力保持着对创作前景的自信。

然而，没有多少时间可以浪费了。文森特知道自己创作的绘画多少有点价值：可以用来交换其他艺术家的作品，或者时机一旦成熟即可投放市场。在作品出售之前，这是一个时间问题。与此同时，承载颜料的画布要比未经涂染的画布更值钱！……

“即便你那边掏空了自己的钱包，用完了里面的钱，处境确实不妙，但你只须平静地告诉我：钱全部用光了。然后，钱会回来的，因为我把它用到了实处。”[第 683 号信，阿尔勒，1888 年 9 月 18 日]

“如果我们敢于相信——而我自己确信——印象派作品的价值将会上升，我们要拿到他们更多的画，把价格维持在高位。如此我们更应该安心地确保画的画质，不能浪费时间。如此，我能预见几年以后，花出去的钱会重新回到我们的手上，若不是以现金形式，就是以提升了的画价形式。”[第 602 号信，阿尔勒，1888 年 5 月 1 日]

“我自己意识到我作画必须干到精疲力竭的地步，归根到底正是因为我没有一点点别的法子把花掉的钱赚回来。如果我的油画卖不掉，我就无能为力。不过，终有一天人们会明白，它们的价值要超过我们投入的颜料和生活的费用，实际上花掉的每一分钱都会物超所值。……我亲爱的弟弟，我所欠的债实在是太多了，当我把它还清的时候（我认为我能做到），作画的辛苦工作亦将夺走我的终生，我会以为自己从来没有活过。”[第712号信，阿尔勒，1888年10月25日]

丧失希望

与此同时，作品卖不出去的事实自然压得他不堪重负。继严重癫痫第一次发作之后，他不再在作品上签署“文森特”的名字，怀疑它们是否还会找到什么买家，声称他乐意看到自己的画作悬挂在厨房、走廊甚或楼梯间。在更黑暗的时刻，他建议提奥把那些作品划归不受欢迎之列甚或把它们毁掉。

“不管我寄去的画作里有啥很不好的，先全甩在一边不管，拿着那些不好的东西没有意义；它们也许以后也会对我有用，起提醒的作用。如果画作的数量少，那么品质好的作品就更容易显现出来。剩余的，如果你把它们放在一个角落里，平放在两块硬纸板之间，在两幅习作之间夹上旧报纸，那它们就得其所终了。”[第782号信，圣雷米，1889年6月18日]

“我还是悔恨交加，而且这样的感觉很强烈，尤其当我想到工作的时候，我与我想做的事情如此格格不入。希望日久天长，我能做得更好些，但我们还没走到那一步。……希望你在我寄去的一堆画里毁掉画质太差的那一部分，或者至少你只展示其中最好的画作。”[第777号信，圣雷米，约1889年5月31日—6月6日]

“我很快就会通过货运火车寄去两箱的油画。你千万不要因为毁掉其中数量众多的画而感到难为情。”[第763号信，阿尔勒，1889年4月28日]

提奥在文森特先前提出想加入外籍军团时没有允准，幸好，他再度拒绝了按心情沮丧的哥哥的旨意行事。

在遭受严重的癫痫发作而陷入万般无奈之后，文森特再也不相信个人成功。他意识到自己身为艺术家的角色和自己的作品终将镶嵌进某种更加宏阔的时代背景。他已经尽己所能对现代艺术或者他称之为“印象派”的绘画作出贡献，确信这一事实令他稍感欣慰。

“我们感到我们所致力的这种艺术有着长远的未来，因此我们必须要像那些内心平静的人们一样安定下来。……在这里，我将过上越来越像日本画家的生活，像小资产者那样亲近大自然。……总之，就我们个人的未来而言，我们其实知之甚少，但我们却能感到印象派将会长存。”[第685号信，阿尔勒，1888年9月21日]

“我们并不觉得我们是将死之人，但却感觉到自己在现实中无足轻重；为了成为连接画家之间的一个环节，我们付出了健康、青春和自由的沉重代价，从中得不到任何快乐，就像那拉车的马，驮着满满一车出游的人们，却享受不到春天的时光。”[第 611 号信，阿尔勒，约 1888 年 5 月 20 日]

“想到真正有人能对油画有感觉，会让画家们略感欣慰。但相对而言，对油画有感觉的人并不多。”[第 804 号信，圣雷米，1889 年 9 月 19 日]

“我们有时缺乏一种把全部身心重新投入到绘画中来，并为此增强体质的欲望。我们知道自己是拉车的马，并且要被再次套上同一辆车。因此，我们并不情愿，宁愿在洒满阳光、河水淌过的草地上生活，与同样自由的马做伴，繁衍生息。……我们疾病缠身，难以痊愈——而且我们无法对症下药。我不知道是谁把这种状态称作‘死亡和永生来袭’的。我们所拉的马车必定对我们不认识的人有用。”[第 611 号信，阿尔勒，约 1888 年 5 月 20 日]

畏怯成功

第一篇褒扬性文章的刊登，至少让文森特颇感意外。1890 年，他有些画作参加在布鲁塞尔举行的一次展览会，并完成了平生第一次重要销售：安娜·博希以 400 法郎买下了《红色葡萄园》（见第 57 页），她本人也是一位有成就的画家。这件作品如今悬挂在圣彼得堡的艾尔米塔什博物馆（Hermitage Museum）。同样是在 1890 年，阿尔贝·奥里埃发表了一篇有关艺术家的文章，而在 1889 年 9 月，伊萨松写了下述赞颂之词：

“是谁运用形状和色彩，诠释了本世纪的人满怀愈益滋长的自我意识在体验着的蔚为壮观、气势恢弘的生活？我只知道一位，他是先驱，是黑夜中孤军奋战的格斗士，未来的几代人应该把他的姓名镌刻在他们的记忆中：文森特。”

那么长久以来一直在渴望成功和认可的文森特理应为此感到欣慰。他的确在某种程度上受宠若惊，但他的窘迫、恐惧和失落感还是占了上风。

“当我听说我的作品获得一些成功……我立刻担心我会感到遗憾——几乎总是这样，成功是一位画家生活中能够发生的最糟糕的事情。”[第 864 号信，圣雷米，1890 年 4 月 29 日]

在布鲁塞尔的“二十人”画展上出售他的第一幅画作后不久，文森特于 1890 年 2 月 19 日致信母亲写道：“我对他们评论我的文章真的十分吃惊——早些时候，伊萨松就想这么做了，但我叫他不要写。我读到文章的时候，悲从中来，因为它夸张太甚，情况不是那样的——确切地说，支撑我工作的是一种感觉，有几个人和我做的一模一样，所以为什么这篇文章执着于我而不是其他六七个人？现在我必须承认，后来，我的惊诧稍微减轻了一点，我有时觉得受到了这篇文章的鼓舞。更有甚者，昨天，提奥通知我，他们在布鲁塞尔卖掉了我的一幅画，卖了 400 法郎。和别的价格比较起来，包括荷兰画家的画，这笔钱不算多，但那就是为什么我要努力多产，为的是以合理的价格持续画画。”

文森特一旦因其艺术获得些许声誉，便为维系业绩而感到压力重重。

“你们以为……当一个艺术家证明了自己的天赋、确立了自己的声誉后，就万事大吉了吗？恰恰相反，他今后创作的一切，决不允许有一样不完美的东西。正是他的声誉迫使他在销量降低之时要在创作上精益求精。他哪怕是露出半点破绽，心怀妒忌之人就会群起而攻之，把那种声誉撕得粉碎。”[第 660 号信，阿尔勒，约 1888 年 8 月 13 日]

与病魔抗争

艺术家的身体状况

文森特的一生过得并不轻松。他在有生之年遇到的艰难困苦，源自多方面的原因。造成受苦受难的最大缘由，可以认为就是他的精神疾病。与有些人因体弱多病而无所作为形成对照，文森特尽最大的努力不受其累，尽己所能地与它展开斗争。他意识到时光一去不复返，觉得不该因略有小恙而浪费时间：“绘画艺术心怀嫉妒，她容不得病痛将其取而代之。因此我会顺从她的意愿。……像我这样的人，可真是**禁不起**生病。”[第 249 号信，海牙，约 1882 年 7 月 21 日]

他在海牙初涉制图工作而力争成功之际患了淋病，这一时期备受困乏、疼痛和发热的折磨。在住院一段时间以后，他对疾病显得不耐烦了，不管身体状况如何，都希望继续开展工作。

“今天我自己跟自己达成了一项协议，那就是把我的病情或者确切地说生病造成的后果看成已不复存在。失去的时间已经够多了，工作必须继续开展。因此，不管是否康复，我都打算再度定期从早到晚地画画。”[第 249 号信，海牙，

约 1882 年 7 月 21 日]

文森特的牙齿糟糕，也许还因为他在巴黎期间饮用了大量劣质酒精，造成胃部消化功能受损。然而，全天候地去户外从事艺术创作活动，无论是在暴风雨中的斯海弗宁恩（Scheveningen）海滩上，还是在阿尔勒四周烈日当空、西北风肆虐的麦田里，都促成他拥有一副相对壮实的体魄。在巴黎，他必须携带所有的画具，以徒步长途跋涉，为的是描绘阿尼埃尔和其他市郊的题材。

颞叶癫痫

文森特有胃病等不少体格弱点，但正如我们知道的，他也存在严重的精神问题。有人把后者描述为癫狂发疯，也有人称之为精神失常，但如今它被认为很可能是癫痫的一种形式。文森特在阿尔勒精神病发作是众所周知的。事后他又突发更加严重的精神病性癫痫，其症状表现为可怕的噩梦和周期性忧惧。

文森特逝世后，有一百五十余位医生试着对他的疾病作出诊断，将来无疑会有更多的人力图解释他的症结究竟是怎么一回事。1956 年，亨利 · 加斯托（Henri Gastaut）确诊文森特的病症是颞叶癫痫，即因豪饮苦艾酒而引起的疾病。加斯托将文森特的问题确定为癫痫，由此印证了当时给他治疗的医生的诊断结论。

然而，这不是那种我们最为熟知、以四肢颤抖地摔倒为症状的癫痫，它更多地表现为大脑严重、突如其来和非常有害的功能障碍。这种疾病在当时被称为“假面性”癫痫，因为其起因不明，病人可能会过着完全正常的生活，直到发病而突然完全失控为止。以文森特为例，发烧引起的幻觉严重地损伤他的听觉、视觉和嗅觉并导致了自残。艺术家动辄易变的天性、想入非非、不稳定的精神状态以及出乎意料地勃然大怒，完全符合对“假面性癫痫”的诊断。

遗传性疾病

事实上，这种疾病似乎在双方家庭都有遗传因子。文森特的父母亲意识到，他们的长子患有精神方面的疾病。这究竟是他反社会的孤独行为、偏激的性情还是动辄易变的天性造成的，不得而知。1880 年，病情发展到父母亲威胁要将他幽禁吉尔（Geel，位于比利时）一家精神病院的地步。除了父亲方面外，母亲方面的家族也存在问题。在卡本图斯（Carbentus）家族中，他母亲的一位姐妹有精神问题，一位叔叔自杀身亡，而这是诱发他的外祖父威廉·卡本图斯（Willem Carbentus）死亡的原因。

凡·高家族方面，也可以列举多人患有精神疾病的实例。他父亲的同胞兄弟，同样没能幸免于精神问题。父亲最小的弟弟科内利斯（Cornelis）以志愿者身份应征入伍布尔（Boer）军队，开赴南非后自杀身亡。经常与文森特通信的妹妹威尔（Wil），在他本人去世后若干年被送进精神病院，时年 35 岁。据信，她患有精神分裂症，多年后死于精神病院。众所周知的是，提奥仅仅在哥哥去世后六个月便死了。他也被送进一家精神病医院。无论在精神或体质上，他从来不是一个强健的人。从年轻时起，他经常发热并饱受体质虚弱之苦。

不可名状的忧郁

文森特明白自己神经过敏的体质，也深知处境不顺心会使它变得更糟。然而，他并不确知它源自哪里，将它“归咎”于他眼中文明堕落的恶果乃至自身：

“我可怜的朋友，我们的神经问题显然与我们过于纯粹的艺术家生活方式有关——而这也是一种致命的遗传，因为在人类文明中我们变得一代不如一代。看看我们的妹妹威尔，她既不喝酒，生活也很检点，可是我们知道她有一张照片，脸上的表情完全是一副疯女人的样子。”[第 603 号信，阿尔勒，1888 年 5 月 4 日]

“我经常对往事深感自责，我的病完全是咎由自取。”[第 831 号信，圣雷米，1889 年 12 月 23 日]

在阿尔勒割耳事件之前，文森特好像已经饱受抑郁症频发的煎熬，这是一种潜伏多年的顽疾。1883 年 9 月，他可能在德伦特发生了第一次精神错乱。他感到“无法治愈般的愁思”，冒着冬日的严寒徒步穿越荷兰东部荒芜的乡村，不名一文，身处绝境，为他和西恩分手而悲伤——甚至更糟的是，因绘画器材短缺而无法工作。当然，工作是他牵制忧郁心理和阵发型恐惧最好的办法：“当工作不能让我分心时，我会不可救药地忧郁起来，这个你会明白的。我必须工作，沉稳地工作——**在工作中忘掉自己**，否则我就会被压垮。”[第 391 号信，德伦特，1883 年 9 月 28 日]

由于死亡幻象起到的阻遏作用，文森特简直让悲哀和貌似因首次发病而造成的紧张情绪压得无暇旁顾。数年以后，幻觉症因他同时患有梅毒而进一步恶化。加剧这种症状的，是在巴黎与提奥同住期间过量饮用的苦艾酒和劣质酒。在巴黎滞留两年后，他受够了狂放不羁的都市生活、与艺术家的频繁接触以及毫无节制的酗酒，决定移居普罗旺斯充满田园风光的阿尔勒。在这里吸引他全部注意力的是绘画。

稍嫌冗长地引述他在阿尔勒创作拉克劳风景期间写的一封信，可以深入了解他是如何致力于创作的过程，以及他如何为绘制《拉克劳的收获》（*The Harvest of La Crau*）等杰作而呕心沥血的。正是这种状况，日后使他对发病变得特别敏感。

“讲到风景画，我逐渐发现一些比以往画得都要快的，是我最好的作品。……所有的主要工作都是在长时间内一口气完成的，我在返工的时候会尽量做到不作改动。但在那样长时间地作画之后，说实在的，我的头脑疲惫极了，如果要不断重复那样的工作——像在这样的收割季节里——我会变得彻底地心不在焉，无法料理许多正常的事务。每当这样的时刻，想到未来无需独处会让人不无欣慰。每当我想到自己煞费苦心地调和六种基本色——红、蓝、黄、橙、紫、绿，我就会常常想起蒙蒂切利（Monticelli），那位人称酒鬼和疯子的杰出画家。枯燥的工作与构思，使人的神经一直紧绷着，就像舞台上的演员要扮演高难度的角色——在短短半个小时的时间内要同时琢磨成千件事情。事后——唯一能带来慰藉和消遣的——就我而言——和其他人一样，就是喝一杯烈酒或猛烈地抽烟，以此麻痹自己。”[第 635 号信，阿尔勒，1888 年 7 月 1 日]

正如众所周知的那样，正是在 1888 年的阿尔勒，文森特因精神紧张而发病，一时冲动地割掉了左耳的下半部分。他开始明白，长期以来希翼在南方建立艺术画社的梦想永远也不会实现了，因为他的画友高更决意要离“黄房子”而去。他在发病期间完全丧失了知觉，事后什么也记不起来，更无法继续工作。

“之前我深知人断手断脚后可痊愈，但却不知大脑受损也能康复。我的头脑里仍然存留着一种‘恢复有何用’的感觉。”[第 743 号信，阿尔勒，1889 年 1 月 28 日]

虽然发病给他的自信带来巨大打击，但意识到自己真的病了，在某种程度

上还是让他静下心来。文森特宁可知道自己得了癫痫顽疾，也不愿意相信体内像巴黎时期那样潜伏着某种隐患。旧疾进一步复发的前景，的确令人不寒而栗：

“我很可能还要受更多的苦。坦白说，我一点都不喜欢那样，因为无论如何我都不希望走一条殉道者之路。因为我一直寻找的东西有别于我所不具备的英雄主义，我自然敬仰他人身上的这种品质，但我再说一遍，我并不认为那是我的义务或者理想。”[第 764 号信，阿尔勒，约 1889 年 4 月 28 日—5 月 2 日]

以及“我每天都在服用举世无双的狄更斯所开的对付自杀倾向的良药。它包括一杯酒、一片面包和奶酪以及一袋烟。”[第 764 号信，阿尔勒，1889 年 4 月 28 日]

经与提奥密切磋商后，他决定还是把自己关进一家精神病院为好，在那里可以不危及自己和他人地平静工作。

“至于我呢，我要去离此不远的圣雷米精神病院呆上至少三个月的时间。我总共经历了四次危机，其间对自己所说的、所想的、所做的事情一概不知。此外我之前还莫名其妙地昏倒三次，根本记不起当时是什么感觉。”[第 764 号信，阿尔勒，约 1889 年 4 月 28 日—5 月 2 日]

禁闭精神病院

圣雷米的圣保罗 - 德 - 莫索尔精神病院（Saint-Paul de Mausole），为他提供了迫切需要的安宁与平静。他有生以来第一次无需同每月索取租金的房东、粗鲁而多疑的邻居甚或警察打交道。他不必为财务危机而犯愁，因为一切都是有人照料的。

作为病人，他每个星期得在底楼的一个石桶里洗两次澡，并许可在精神病院有奇异松树、花草和鸢尾花的封闭式花园里闲逛。精神病院里定时饮食的生活节奏、缓解抑郁症的药丸以及监视都有益于他的健康，而与“疯人”为伍解除了他对神经错乱的恐惧。病友们相互帮助，彼此尊重隐私。他在工作的时候，大家都会撇下他一人独处，这是他之前从未有过的体验。他在海牙曾遭人啐唾沫，在阿尔勒被人投掷石块：成为社会的一份子，可能的时候埋头工作，这就是文森特唯一的诉求。正如他在写给母亲的信中说的：“当我刚刚生病的时候，我无法接受前往精神病院的想法。现在我承认早点儿接受治疗就好了，但人非圣贤，孰能无过呀。一位法国作家写道，从某种程度上说，所有画家都是疯子，尽管驳斥他的说法很多……这里，我不必为任何琐事操心——我想我作品的水平

凡·高《耳朵扎绷带的自画像》1889 年

提高了。所以我带着相对的平静，竭尽全力地画画。我并不觉得自己是个不幸的人。”[第 831 号信，圣雷米，约 1889 年 12 月 23 日]

文森特在精神病院写信时提到，自己尽管神经衰弱，但体魄倒是强壮得让他寻思起加入外籍军团的念头来。“如果我对你说要入伍五年，别以为我这样做是为了牺牲自我或者行善。我一直过着‘走投无路’的生活……”[第 767 号信，阿尔勒，1889 年 5 月 2 日]

笔者相信，正是精神失常与体魄强健之间存在的落差，导致他用一颗子弹结束了自己的生命。

文森特在克服压抑情绪，达成为人类贡献杰作的目标方面表露出来的锲而不舍是超乎常态的。他决意淋漓尽致地发挥自己的艺术才情，可惜无法把自己的病魔牵制得足够长久。

即使不受癫痫发作的纠缠，他也变得谨小慎微，生怕情绪过分激动，因此工作进度缓慢：工作本身有可能轻易地导致旧病复发。身体状况许可他去精神病院周围的田野漫步时，一旁总有监管者陪同。令他非常惋惜的是，晚上只能待在卧室里，透过一楼窗户的铁栅栏仰望繁星点点的夜空。他只好凭记忆来描绘《星夜》。

事态趋于恶化：他陷入了可怕的噩梦，白天常被令人畏怯的恐惧感所攫住。癫痫发作是不可预测的，发病的诱因五花八门：突如其来的一束光、走访阿尔勒或者家人寄来的一封信。酗酒、压力或者粗劣饮食，可能造成他的大脑格外敏感。

“……每次为了对事物有清晰的认识，我都和自己理论——我为何来到这里，最后发现和其他任何事情一样，这只是机缘巧合——我陷入了一种可怕的惊慌与恐惧，无法思考。”[第 779 号信，圣雷米，1889 年 6 月 9 日]

他非常担心，大脑永久性损伤造成自己再也无法工作的时日终将到来。如果什么都结束了，那才上上大吉呢，这个念头常在他脑际一闪而过。甚至在没有遭遇周期性发作的时候，他也会被突如其来的焦虑、忧郁和“糟透了的悔恨情绪”折磨得心惊胆战。

旧病复发往往不宣而至，因此他被禁止携带画具去楼下的画室。作为一种自残行为，他吞咽颜料和脏物，喝下油灯的松节油。因此，医院院长决定将他更多地同绘画器材分隔开。

“许多天以来，我极其心烦意乱，就像在阿尔勒那样，即便不是更糟糕，也是一样糟糕。可以设想这些情况以后会一直发生，真是**讨厌透了**。因为喉咙肿胀，我连续四天吃不下东西。……我捡起脏东西，把它们吃掉。尽管这样糟糕时刻的印象有点模糊，但在我看来情况有些可疑，原因还是老样子：我不知道他们这里对画家有什么偏见。我已经看不到任何可能得到勇气或是希望，但我们又不是昨天才知道画画不是个让人开心的行当。……亲爱的弟弟，刚出现的危机是在田野里从天而降的。那是个刮风的日子，我正在画画。我会给你寄上当时画的作品，尽管发病了，我还是完成了。”[第 797 号信，圣雷米，1889 年 8 月 22 日]

1889 年，文森特在两个月内多次遭遇强度和频度都有所增大的复发，以至于被禁闭在楼上的单间病房里。他甚至不敢离开自己的房间，生怕意外邂逅那些病友。画画是抗衡病魔的唯一疗法。只有在画架前，他才感到自己多少像个活人，但这意味着要去他在楼下的画室，就连这一点他也觉得无法做到。然而，在精神失常的同时，他的身体状况倒是很好：

“日复一日，我气力渐长。在我看来，我已经又一次出现精力过剩的情况了。因为在画架边一直勤奋工作并不需要像赫拉克勒斯那样大的力气。”[第 800 号信，圣雷米，1889 年 9 月 5 日和 6 日]

他的健康状况在逐渐好转，但生活的热情再也没有重新回到他身上。只有站在画架背后，他才感到自己活着。画画增强了他的意志，也使精神疾患这一病魔稍许放松了对他的掌控。

“工作进展得十分顺利，我正在找到我多年求之不得的东西。你知道的，我的脑海中总是翻腾着德拉克洛瓦的那番话，说是自己在气息全无、牙齿掉光的时候才找到绘画的真谛。哦，好吧，我自己一直被精神疾病所困，我想到其他那么多的画家有类似的苦痛，我告诉我自己，精神疾病不会阻挠画家的事业，画家可以将其置之度外。”[第 801 号信，圣雷米，1889 年 9 月 10 日]

经过一系列严重发病后，他试着消除母亲的疑虑：“一个人与疾病缠斗的时候，还是会迎来一个又一个的明天，这恐怕是我总有一天会再次注意到的事情。但这似乎没有任何规律，而且医生多次对我重复说，这一点无人能未卜先知。但是如果知道疾病挥之不去，你会明白尽管刚开始的时候，人们完全被疾病打倒，随后开始适应了病痛缠身的想法，然后开始考虑还照样能做的事情。而且情况会比预料的更好。开始的时候，我沮丧万分，甚至失去了再跟朋友会面和画画的欲望——现在，对这两样事物的需要又开始起作用了。此外，我的胃口和健康有时还非常好。”[第 803 号信，圣雷米，1889 年 9 月 19 日]

文森特确信许多画友都生性敏感、略带神经质甚或疯癫痴狂，想到这一事实令他信心倍增。“……总体说来，印象主义画家都像这个样子，都处于相同的影响下，而且我们所有人都有点神经质。这使我们对颜色及其表达的语言非

亲爱的弟弟，刚出现的危机是在田野里从天而降的。那是个刮风的日子，我正在画画。我会给你寄上当时画的作品，尽管发病了，我还是完成了。那的确是一个意图画得比较冷静的尝试，颜色比较暗淡，并不摄人心魄：支离破碎的绿色、红色、发锈的赭石黄。正如我不时告诉你的那样，我有一种愿望，要像在北方那样，重新再用当时那样的调色板上的颜料作画。[第797号信，圣雷米，1889年8月22日]

常敏感，对颜色互补、对比与和谐的效果很敏感。”［第 856 号信，圣雷米，1890 年 2 月 19 日］

继每次旧病复发后，接踵而至的是一个创作活动更加紧张的周期，仿佛他不得不弥补损失的时间似的。但是，病魔一而再、再而三地故态复萌。这种情况有可能发生在为整理画作或看望朋友而走访阿尔勒之后，也有可能是出现在 1889 年圣诞前夕的日子里，它总是让他回想起家与往事而尤感压力重重。孤独是他人生的一部分。他有两年时间没有见到提奥了。看来，家里人甚至从未考虑过去精神病院探望他。

终于降临的自由

随着自信心的逐渐增强，文森特萌生离开精神病院的想法。但无论提奥还是精神病院院长佩隆（Peyron）大夫都认为他没有完全治愈。当《法兰西信使》杂志刊出一篇对艺术家极尽赞美之词的文章时，文森特突然发现自己成了一位明星和大艺术家。丢下哥哥被当作疯子关押起来，提奥显然觉得不合适，便任由文森特去追寻他所向往的自由。尽管艺术家没有真正痊愈，但还是获准离开精神病院前往奥弗，由那里的顺势疗法医生兼业余画家保罗·加歇大夫给予“治疗”。

“一旦佩隆先生同意，我会马上重新投入工作。如果他不同意，我就和这里一刀两断。正是这种想法让我还相对比较平衡，而且我对新油画又有了许多想法。”［第 833 号信，圣雷米，1889 年 12 月 31 日或 1890 年 1 月 1 日］

提奥和荷兰女子约·邦格结婚，尔后他们的儿子呱呱坠地，令文森特不由得感慨万千，悲从中来。提奥自顾不暇，不再那么频繁地写信。文森特显然感到，就连提奥也不需要他了。与此同时，苦难仍在继续。他不得不再度照料自己的饮食和房租，他因自己成为提奥如此沉重的负担而悔恨交加，毕竟弟弟现在要为一家三口而操劳。经常寻短见的文森特，除了开枪自尽终止苦难外，看不到任何其他解决办法。

尽管近年来的研究成果表明：文森特的死可能是一次意外事故，但仍有足够的理由相信他是自己了结生命的。在精神病院里，他又是吞颜料、又是喝松节油地试图自杀，他的书信也印证了对自杀和死亡的思索是反复出现的话题这一事实：

“在画家的一生当中，死亡也许不是最艰难的一件事。”［第 638 号信，

阿尔勒，1888 年 7 月 9 日或 10 日]

“……但我在奋力工作，因为我知道工作的机会一去不复返。最重要的是，就我而言，一场更酷烈的危机将使我永远丧失绘画的能力。在危机中面对悲伤和苦痛，我胆小怯懦——而且是说不过去的胆小怯懦；尽管我之前并没有任何康复的欲望，但现在也许正是这种道德上的怯懦，让我一个人吃两个人的饭，努力工作，处理和其他病人的关系小心翼翼，因为害怕疾病故态复萌——无论如何，我正在试图康复，就像一个打算投水自杀的人发现水太凉了，重新抓住河岸不放。”[第 801 号信，圣雷米，1889 年 9 月 10 日]

或者这样写道：

“我一直时常告诉自己，我更喜欢的状态是，再也没有什么了，事情都过去了。哦，是的——我们做不得主——控制不了我们的生存状态，而且，似乎这是学会想要生存下去的事情，即便在受苦。啊，在那方面我觉得真怯懦，即便我健康恢复。我依然恐惧。”[第 842 号信，圣雷米，1890 年 1 月 20 日]

或者这样写道：

“我亲爱的老弟——穆斯林认为死神只在必要时才会现身——让我们先思考一番。依我看，我们似乎还无法证明天国对此有着类似的直观指示。”[第 615 号信，阿尔勒，1888 年 5 月 28 日]

1890 年 7 月 27 日，文森特企图自杀，但是子弹最终打偏了。要取出子弹看来是不可能的。提奥闻讯后当即从巴黎赶来，并陪伴在哥哥的床榻边，直到 1890 年 7 月 28 日至 29 日凌晨 1 点半他与世长辞。事后提奥回忆称，文森特一直渴望死。他说的最后一句话是：“永远与痛苦相伴。”艺术家被埋葬在奥弗公墓，周围环绕着金黄色的麦田。

凡·高与爱情

一个男人不能忍受长时间在公海上——他必须在海滩上有一间小屋，壁炉里有火——壁炉边围坐着妻子和孩子们。

——文森特·凡·高

[文森特·凡·高致安东·凡·拉帕德，第190号信，1881年11月23日]

引言

关于凡·高与女性的交往，实际上就是关于文森特如何渴望爱情与家庭。他的书信中赫然出现了多位女性形象，但与她们的恋情从来不会风平浪静，也不完全尽如人意。众所周知，文森特是一个性格复杂的人，他在经济上依附于弟弟提奥，更为他的人生平添了烦恼。正如他在人生中的众多其余侧面一样，文森特选择女伴的标准是有悖社会习俗的。他偏爱与更成熟的女性为伴，出于多种原因，她们在他周围的人看来是不般配的。

和家人同居埃滕的牧师住所期间，文森特爱上了他的表姐凯依·沃斯-斯特里克（Kee Vos-Stricker）。在海牙，他从街头救起了一名有孕在身的妓女，把她带到自己的家。她名叫西恩·霍尼克，频繁地出现在这一时期的素描中。在生命的后期，他开始和精神失常的女邻居谈情说爱，同风情万种的巴黎前模特儿兼妓女阿戈斯蒂娜·塞加托利（Agostina Segatori）有过历时短暂的暧昧关系。尽管还会有其他女性相好，例如他在布列克斯顿的房东女儿或康苔丝·德·拉·博瓦西埃尔（Countess de la Boissèire），但本章将聚焦于上述多姿多彩的女性群。

文森特人生中的至爱，似乎始终是凯依·沃斯，一名不苟言笑的寡妇。他的爱慕最终呈现一种痴迷的强迫症性质，他事后写信给弟弟提奥称，凯依的拒绝逼得他差点纵身跳入运河。他常常提及这段无望的情事，它标志着他人生中一个举步维艰的时期。

文森特远不是美满的婚姻对象。他和凯依绝对没有那种可能——无论她还是他本人的家庭，都强烈反对这种关系。西恩的母亲无休止地抱怨他少得可怜的收入，但在巴黎这个国际化大都市，置身于更接纳奋斗中艺术家的环境，文森特会有更上佳的表现。

尽管燃烧的激情渗透于他的长信，但看得出来，女人本身不是他追求的终极目标。说她仅仅是一件工具未免有点夸张，但文森特的头等大事是艺术。虽然时过境迁，爱情会带来某些后续问题，却可以帮助他达成自己的艺术目标。女性不仅可以充当他的模特儿，还为他提供了透彻地理解有关爱情与同情的观念的机会。艺术家必须潜心于他的表现题材，可以说就是为了通过作品正确地表达情感。

文森特终其一生始终向往浪漫恋情，拼死不愿错失体验家庭温暖和庇护的良机。爱情和亲情不仅对于他作为一名艺术家是重要的，而且对于他作为一个人亦如此。然而，值得铭记在心的是：爱情难得完全是无私心的。从他的书信中可以看出，文森特不无得意地自诩为身陷困境的女人的救星，坚称自己的所作所为是一种怜悯心使然。

和妓女西恩·霍尼克共度时光并非毫无困难，但这也是文森特毕生最为多产的时期之一。他似乎得益于西恩陪伴身边相对平静的生活。她偶尔会给他摆姿势，她的新生儿威廉有一种让人心绪安宁的效果。

五年以后，正是在阿尔勒，文森特绘制出最精彩纷呈、也最享盛誉的作品。他如痴似醉地工作着，但对女性伴侣的渴望依然如故。在阿尔勒创作的《卧室》（见第 31 页）描画了他的床。这是一张双人床，放着两个枕头，我们从信中获悉：他打算用婴儿有围栏的童床或裸女来装饰它。

等到弟弟提奥婚后有了儿子，文森特放弃了对家庭生活的奢望。他仿佛为自圆其说而声称，性爱与潜心画画是水火不相容的。他把艺术比喻成一个嫉妒的女人，要求占有他的全部时间和精力。

向往达不到的理想：凯依·沃斯

文森特的第一位至爱是凯依·沃斯。1881 年夏季，他无望地爱上了表姐科尔奈拉（凯依）·沃斯－斯特里克。8 月，她由儿子扬（Jan）陪同前往埃滕，滞留在凡·高和其父母亲栖居的牧师住所。数年之前，文森特在阿姆斯特丹攻读神学时，经常去探望表姐和其丈夫。他们的家庭生活给他留下了深刻印象：

“夜晚，他们就着那盏灯发出的温馨微光一起坐在那间小小的起居室里，旁边是他们的小男孩的房间，那孩子时不时地醒来，问他母亲要这要那，这幕场景看起来就像一首田园诗，但他们也经历过可怕的日子和无眠的夜晚，心中

充满恐惧和忧虑。”[第 131 号信,1877 年 9 月 18 日]

然而，威胁他们家庭幸福的乌云一直在汇聚。凯依的丈夫克里斯托弗(Christopher)身患重病，于 1878 年去世，留下了凯依和年仅 5 岁的儿子。

坠入情网的文森特鼓起全部勇气，向表姐表白了自己的爱情：“于是我开始了——起初很笨拙，很糟糕，然而很坚决，最终是这样说的：“凯依，我确切地感到你好像是我最亲近的人，而我从完全的意义上来说是你最亲近的人，我像爱自己一样爱你。”——然后呢，然后她说：‘不，不行，绝不。’”[第 180 号信，1881 年 11 月 7 日]

文森特求婚后不久，凯依离开了牧师住所，回到阿姆斯特丹。并非意外的拒绝所流露的逼人之势，一时间令文森特措手不及，但他又重新振作起来。他通过无休止地写信，试图让凯依和自己的家人相信他的爱情是严肃的。凯依不是唯一抵制结婚的人——双方家庭都强烈反对他的计划。

最初,凯依的父母亲建议文森特另觅伴侣,试图委婉地“暂且”改变他的想法。这一提议起着截然相反的作用：“当我听到上面提及的事情时，我从心底里、从灵魂里、从头脑里感觉到‘非她莫属’。”[第 180 号信，1881 年 11 月 7 日]

“非她莫属”,这句话他借用自茹尔·米歇莱(Jules Michelet),其小说《情爱论》(*L'Amour*)塑造了他的爱情观。文森特的书信中反复出现“继续爱”,作为对凯依“不,不行、绝不”的回应，这句话的出处也是《情爱论》。

凯依·沃斯和儿子扬，约 1881 年

经过数月走火入魔般的写信，回信在 11 月终于从阿姆斯特丹寄来。写回信的不是凯依，而是她的父亲斯特里克(Reverend J.P.Stricker)牧师。他在信中写道，拒绝是最终的，告诫文森特不要进一步和他的女儿有任何接触。[第 189 号信，1881 年 11 月 23 日]

斯特里克警告说，如果文森特不尊重他们在这件事上的看法，那么就会给两家关系带来严重的后果。文森特对这样的威胁不以为然，一面继续写信，一面想象着如果他们保持接触长达一年，凯依定会嫁给他的。由于围困中的凯依不断地收到来信，其他家庭成员也试图让文森特恢复理智。

他们的抗议更坚定了他的决心，但是来自自己父母的反对更让人苦恼。虽然安娜（Anna）和道吕斯·凡·高（Dorus van Gogh）觉得表亲之间不宜通婚，但他们也不加干预，文森特很少和他们谈起自己对凯依的爱。当局面到秋季逐步升级时，他们不得不使儿子就范，要求文森特停止与斯特里克家的一切通信。

在奋起反抗全家的过程中，文森特需要有一个盟友兼知己，便写信给侨寓巴黎的弟弟提奥。文森特在信中把前几个月发生的情况告诉他，表达了他对家人不予支持的受挫感。文森特提到他们在那个夏天的交谈，以及他们在爱情与女人问题上志趣相投的见解，竭力让自己和弟弟疏远“那些老人”。

文森特发现，父母亲的态度尤其让人失望。母亲只是泛泛地说了几句安慰话并提议为他祈祷。他以嘲讽的口吻写道：“我宁愿她没为我祈祷过，而是给我一个同她亲密谈话的机会。”[第181号信，1881年11月8日或9日]

既然没能侥幸地说服父母亲，他便转而寻求弟弟的帮忙。也许，提奥有办法改变他们对这件事的看法，激励他去“继续爱”：“如果你能找到说服爸妈的方法，我将会认为你做的非常好，他们对这件事情的看法特别悲观，说我今年夏天的事‘不是时候’和‘不适当’（直到我非常坚决地、肯定地请求他们为止。他们在起先克制地讲道理无效之后，就不再运用这类说法指称我的这段爱情，因为否则我就会如同狮子般骄傲地去反对他们）。我说，我觉得，如果你能让他们不那么悲观、更具有良好勇气和人性的话，那是非常好的。”[第181号信，1881年11月8日或9日]

文森特被妻子和家庭的念想蒙蔽了双眼，在11月份给提奥的九封信中，他倾吐了爱慕凯依的心声。语气有时候悲观而充满激情：“我获得了对生命的极大胃口，我很高兴自己在恋爱。我的生命和我的恋爱是同一的。”[第180号信，1881年11月7日]

凯依对求婚的拒绝，被比喻成一块急需融化的冰：“决定谁会赢，是那块冰的寒冷，还是我生命的温暖，那是一种精细的事物，现在我宁可对此不予置评，而且我希望别人也对此保持沉默——如果他们说不出比“不可融化”、“疯狂”之类影射恋爱的说辞更恰当的话来。”[第180号信，1881年11月7日]

文森特对于爱情的思索，也许作为他的一种新感受，充斥着卷帙浩繁的信函。他连篇累牍地援引茹尔·米歇莱等人的著述，也建议提奥读一读原书，以便理解爱情在狂热的现代社会对年轻人意味着什么。文森特深受《情爱论》（1858）和《论女性》（*La Femme*）（1860）这两本均出自茹尔·米歇莱之手的著作影响。

他渴望和凯依及其儿子一起生活。虽然提奥可能老是前往埃滕的牧师住所，但文森特在信中声称，他俩还需要一个遮风挡雨的地方，亦即他们“自己的家，那里有我们各自的‘她而不是别人’。”[第181号信，1881年11月8日或9日]

至于仍沉湎于对亡夫哀痛的表姐，文森特希望给她带去安慰和“完善”她的家庭。他的观点是这样的：她不该继续生活在昔日的阴影中，对别的男人视而不见。他的目的是试着点燃“新的情感火花”，在不抹煞旧伤痛的同时，在新的环境中重获生机。

在他富于浪漫色彩的白日梦中，爱情与艺术已言归于好，他想入非非地憧憬着凯依协助他工作的情景：“假如她愿意用女士的手，我愿意用制图员的拳头协同工作，我们就不会短缺每日的面包，她的孩子也不会挨饿。”[第183号信，1881年11月12日]

他如痴似醉地为布拉班特村民画素描。他认为，凯依一旦以爱情回报他，他的速写就会大有起色，因为继续画画的最佳途径就是继续恋爱。有时候，文森特会责怪凯依在无意中拖了他的后腿，但他的作品已显示出长足进步，他相信这和他对表姐的倾情直接有关。

“自从我‘实际’坠入爱河之后，我的素描也出现了更多实际描绘，我现在坐在小房间里给你写信，身边是一大批海特哈艾克（Het Heike）男人、女人、孩子等等的画。”[第181号信，1881年11月8日或9日]。遗憾的是，这些素描我们现在已无从知晓了。

不管书信中有些段落在提奥听来多么地充满希望和自信，文森特还是变得越发心烦意乱。他悲叹道：“虽然我总是一次又一次地对“不，不行，绝不”感到悲哀，但是我每次始终带着更多的爱回来。比起悲哀来，我早已体验过更多的好事情，但是这种悲哀有时候真的很厉害，别再提了。”[第189号信，1881年11月23日]

他终于改弦易辙，以更狂热的方式宣示爱情，仿佛不仅要说服提奥，还得让自己笃信不移。凯依那儿仍然杳无音讯。尽管他始终恪守“继续爱”的座右铭，但有时候又生怕凯依终究不会改变主意，因而让她听到他倾诉衷肠成了一件更迫切的事。至关重要的是去看看她、写信给她和同她当面谈谈！

留给文森特的选择只有一个：他必须去阿姆斯特丹，出其不意地造访斯特里克家。为此，他乞求提奥支援一些“路费”。作为回报，他答应寄去描绘布拉班特农民的素描。11月19日，他写信感谢弟弟寄来的钱，并计划来一次完全不宣而至的拜访。

11 月底，文森特动身前往阿姆斯特丹。造访的负面后果令他措手不及，只是在 12 月初寄出的信中提及当时的情形。凯依的父亲恼羞成怒，文森特不敢造次，只对事态作了简短而晦涩的描述：

“但是事情变得越来越不像‘在春天里采摘草莓’了——这样更好——‘草莓’日后将在它们自己的好时光里长得茂盛！”[第 191 号信，1881 年 12 月 1 日与 3 日之间]

直到 12 月 23 日回到埃滕牧师住所后，他才披露与斯特里克家人会面的细节。他来到阿姆斯特丹国王运河街（Keizersgracht）时，斯特里克家正值晚餐时间。凯依不在那里，文森特旋即觉察给她准备的盘子被临时撤走了。

他的姨父和姨妈声称，他们的女儿听说文森特不期而至就溜走了。他们再次劝文森特把他的表姐忘掉。文森特的回答令姨夫非常恼火：“即使他没有确切地说‘该死的’，牧师以外的任何人只要处于斯特里克的心情，都会以那种方式表达自己的。”[第 193 号信，约 1881 年 12 月 23 日]

两天以后，文森特再次来到斯特里克家，要求见一见凯依。他纯属出于受挫感地把手指放到油灯的火焰上，要求至少同她见上一面，他的手能在火上烤多久就见多久。[第 228 号信，1882 年 5 月 16 日] 就连这种自残行为，也被证明是徒劳的。

文森特在阿姆斯特丹一意孤行地尝试整整持续了三天。虽然他告诉姨夫自己当然不会放弃，却感到自己被他们顽固地抵抗“该死地打动了心”。为了不让忧郁感击垮，他在一阵情感挣扎后屈服于生理需要。有一天晚上，他放弃“非她莫属”的执念，去阿姆斯特丹街头寻找女人。“天啊，我还没有看得这么长远。我找到一个女人，你可以说她一点也不年轻，一点也不漂亮，身上没有什么特别之处。”[第 192 号信，约 1881 年 12 月 23 日]

凯依 · 沃斯始终是他生命中的至爱。情感的炽烈度是不能和他对其他女性的浪漫风情相比拟的。后来他承认，对阿姆斯特丹的造访使他陷入了情感瘫痪：“我在阿姆斯特丹发现她对我抱有一种厌恶感，没想到情况会是这样，她居然认定我的行为是一种强迫，甚至不准备同我见面，而且‘我一进去她就出来’，正是在此时——而不是在此之前——我对她的爱遭受到了致命一击。”[信 244，1882 年 7 月 6 日]

随即而来的冬季，他变得心情压抑，前行的步伐让位给无尽的落寞感。既然没希望和凯依结婚，解决他众多问题的权宜之计也就不复存在了。在 1881 年 11 月潦草书写后寄给提奥的纸片上，他耐人寻味地不曾提及凯依和她的独特气质，而是受制于一种家庭的理想典范。

对凯依的爱情在逐渐湮灭，但对家庭的渴望依然强烈。继圣诞节期间一场同凯依·沃斯的僵局有关的争论后，文森特移居到海牙独自生活。他很快在斯亨克路（Schenkweg）找到一间可以权充画室的空房子。文森特开始如疯子般地画素描，常邀约出身背景各异的人，穿上代表不同类型人物的服装给他摆姿势。他认为深入了解模特儿是重要的，这样可以把他们画得更加真实。

不到两三个月，他给自己找到了一个乐意给他摆姿势的家庭。有孕在身的妓女西恩·霍尼克、她的母亲和女儿构成了一个他如此热切向往的家庭。

1882 年 3 月 3 日，文森特致信提奥谈到一位先前画过的模特儿。她的女儿和外孙女也当过模特儿。她们贫穷但心甘情愿，他允诺给她们一笔固定收入。在持续数月的严寒冬日里，文森特与孕妇之间的关系变得更加亲密了。他关爱西恩和她 5 岁的女儿，甚至把她们带到自己的家。

文森特没有煞费苦心地遮掩这种不伦之恋。由于海牙有多位家庭成员和熟人，这样的秘密是怎么也瞒不住的。文森特生怕提奥会从别处风闻，也唯恐财务困境愈趋严重，所以不得不承认自己过上了新的家庭生活。5 月 1 日，他隐晦地写道，即使他依然爱着凯依，但一个新的女人走进了他的生活。几天以后，传言不胫而走，文森特不得不对他和西恩这个多病孕妇的交往作出解释：

“人们怀疑我干了什么……闹得满城风雨……想必我在隐瞒什么……文森特肯定隐瞒了一些见不得人的事情……好吧……什么才是更文明、更理智和更人性的做法：是抛弃一个女人，还是收留一个被抛弃的女人？”[第 224 号信，1882 年 5 月 7 日]

西恩家境贫寒，靠卖淫为生。像她这样的女人，永远不会被文森特的圈子所接受。他们相遇的时候，她病倒了，形容枯槁、脸色苍白。她嗓音沙哑、满脸雀斑、言辞粗鲁。此外，她还不时显得急躁、喜怒无常。然而他们彼此理解，因为坏脾气是他们俩共有的性格特征。

5 月份的一封信流露出强烈的爱恋之情。他开始为她支付房租、供养她和她的女儿，让她们沐浴洗澡。到了春天，西恩的健康已出现好转迹象。文森特甚至陪同西恩去莱顿妇科医院作检查，1882 年夏季，她就是在那里分娩的。

把他和站街女的交往告诉弟弟并不容易。文森特在信中提及米歇莱，声称他有意帮助受环境支配的不幸者只是人之常情，借此竭力缓和冲突：“我觉得我做的事情再简单自然不过了，我想只要自己知道就行了。”[第 224 号信，

1882年5月7日]

他没有忘记强调她给自己工作带来的正面影响。他随时都有模特儿相伴，西恩摆姿势的技巧越来越娴熟了。"我寄几幅习作画给你，也许你可以从中看出她摆姿势对我的帮助有多大。我的素描是"我的模特儿和我"。[第224号信，1882年5月7日]他相信只要完全掌握素描画技巧，他就会成为一名更出色的艺术家。他在速写中画的是西恩坐在壁炉前、桌子或窗户边抽烟或眺望远处。

在将西恩领回家一事报告提奥的那封信里，他还把自己准备和她结婚的计划告诉了他。"这个女人现在像驯顺

凡·高《坐着的妇女》1882年

左图：凡·高《坐着的妇女》1882年
右图：凡·高《做针线活的妇女》1882年

的鸽子那样依恋于我——就我而言，我只能结一次婚，何时还会有比和她结婚更为合适的良机呢？因为只有这样做，我才能继续帮助她，不然，生活的困境会再次逼她走上老路，最终陷入深渊。”[第 224 号信，1882 年 5 月 7 日]

他们许诺彼此忠诚，两人都渴望安逸的生活。文森特认识到他面临着赤贫的生活，但为了和自己心爱的女人在一起，这个重担又是他乐意承受的。由于没有财富和社会地位，文森特断送了与凯依·沃斯成婚的机会，但他只要挣最低数额的薪俸就能养活西恩，她在世人看来地位要比他卑微。

正如预期的那样，提奥反对这桩婚事，并告诉哥哥全家人会激烈地和他反目。另一方面，文森特相信结婚是唯一的解决办法，家里人最终会同意他的看法。然而，他时不时地耽误了向父母亲禀报。提议中的结婚并没有发生；文森特认为，他们暂且靠彼此承诺忠诚，照样可以过得很幸福。如果财务状况发生变化，他可以重新评估形势。

他向弟弟保证自己会继续努力工作，希望提奥不至于停寄每个月的津贴。他把速写寄给他并在信中写道：“我觉得我的绘画应该打动人们的心灵，因此我必须脚踏实地，深入生活，以极大的小心谨慎战胜一切艰难困苦，继续前进。我想象不出还有什么别的路可走，我也不指望没有艰难困苦或不用小心翼翼，只是希望一切不至于那么令人无法忍受，而且只要我努力工作，继续得到像你这样的人的同情，那么一切都变得不再是问题。”[第 226 号信，1882 年 5 月 12 日或 13 日]

他在艺术中力求描绘真实的生活，他在西恩身上发现了一个饱经炎凉的女人。文森特生怕提奥切断他的财源，他在一封信里明显地流露出这种忧虑：“再见，老弟，在你给我重重一击，砍掉我、克里斯蒂安（Christien，即西恩），还有那孩子的脑袋……之前，问题再度留到第二天解决吧。但是——如果你必须做的话——那么，再度以上帝的名义‘取走我的脑袋吧’。但愿不要发生这样的事，我需要用我的脑袋作画。（克里斯蒂安和孩子若没有脑袋也就无法给我摆姿势了。）”[第 227 号信，1882 年 5 月 14 日或 15 日] 口气可能有点诙谐轻佻，但潜台词是一清二楚的。

随着西恩的婴儿呱呱坠地，经济保障问题变得更为紧迫。1882 年 7 月 2 日，一名男婴诞生了，但是并非一帆风顺。他用文森特的姓氏威廉命名。西恩身体状况不佳，按照医生的说法，需要花费好几年才有望完全康复。

文森特为新生儿而欣喜若狂：“但是我对这个孩子不能避而不谈，尤其是他虽然早产，却没有受到哪怕一丁点的伤害，他正躺在他的摇篮里，带有人情世故的模样。”[第 242 号信，1882 年 7 月 2 日]

凡・高《摇篮中的威廉》1882 年

凡・高《爬行的婴儿》1883 年

母子在医院里待了好几个星期，同时文森特在家忙于安排。考虑到新生儿的需要，他租下了一间更宽敞的公寓，还是坐落在海牙的斯亨克路。在等待西恩和婴孩回家的同时，他沉湎于对新家庭的憧憬。为新的公寓添置新的床、摇篮甚至鲜花，一切费用在所不惜。“而且，现在这里俨然有一种‘家’的氛围，或者说‘家’的‘温馨舒适’。我能理解米歇莱宣称‘女人即宗教’的缘由。”[第246号信，1882年7月15和16日]

他写信给提奥称，稳定的家庭生活是西恩最灵验的药物。他引述医生的话说：“他不住地反复强调一点：必须让她过一种正常有序的、平静的家庭生活。”[第246号信，1882年7月15和16日]这是否是医生的原话依然不得而知，但它们完全符合文森特对当前处境的诠释。从街上拯救而来的可怜人需要他，也需要他在家庭生活方面的想法：

“……我可以毫无愧色地说(虽然我非常清楚地知道人性这个词已不流行)，在我看来，我经常觉得需要去怜爱这个或那个人，而且会继续这么做。我不知道为什么，宁可要不幸的或者遭践踏、被抛弃的人。”[第250号信，1882年7月23日]如同他曾竭力拯救博里纳日的矿工和想帮助凯依忘掉丧偶之痛一样，他让西恩和她的家庭挣脱了悲惨境遇。关键是不顾一切地帮助别人的需要。

8月间，提奥访问了荷兰。文森特期盼这件事已有好几个月，祈望着提奥在双方终于见面时会改变对西恩的偏见。提奥收到的信，在证明着他们彼此间的爱情和奉献，最重要的是他对工作的炽烈激情。“画室与家庭融为一体不可能有什么欠妥，尤其是在人物素描方面。”[第246号信，1882年7月15和16日]

同西恩在一起，他差点达到了他理想中的境界：她为他提供爱和家庭生活，也可充当追求艺术目标的重要工具。在这一时期的许多素描中，可以见到西恩和她的家庭。新公寓的画室，采光条件好多了，看来好像唤起了文森特的艺术灵感。他甚至幻想挥毫作油画，而这正是提奥着眼于作品销售，一直在敦促他付诸实施的。

西恩的在场，是一个巨大的刺激因素。文森特把她描述成工作伙伴，赞扬她在摆姿势方面的乐意与聪慧。他甚至声称，没有她，他就无法工作，而且得放弃当一名艺术家。他期待着她完全康复，能再度为他摆姿势的时候：

“她给我摆姿势使我画出了最出色的素描《悲哀》(见第72页)，至少我自认为这是迄今画得最好的一幅素描，而且不到一年我肯定还会画出同样好的人物素描，这一点我可以向你保证。为了不致产生误解——正像我很喜欢风景画一样，我更爱画人物肖像。不过，那仍是最艰难的部分，当然这需要我作大量的研究和实践，还得多费时间。但你千万别被那些人所欺骗，以为她妨碍了我的工作：你会在我的画室里亲眼见证。如果我因为她而画得更少了，那么我也会同意你的观点，但是说实在的，现在的情况刚好相反。”[第 250 号信，1882 年 7 月 23 日]

文森特认为，对他和西恩的同居生活充满溢美之词的信笺注定会改变提奥的看法。然而，海牙之行并不成功。幸好提奥答应哥哥再资助他一年，条件是他开始绘制卖得出去的作品，而不要再画毫无商业价值的模特儿速写。提奥在此后数月的信中对西恩只字不提，表明他干脆选择了忽视她的存在。

到 1883 年 4 月底，文森特的信首次开始表露出冲突的蛛丝马迹。如果说他先前尚能接受西恩情绪波动的话，那么她眼下不时大发脾气则到了失控的地步：

“我的女人在行为上也有一定的过错和缺点——那是病情所致。依我之见，**那并没有使她变坏**。当然，这些缺点都必须改掉——行为散漫、冷漠无情、缺少活力、行动迟缓，哦，这么多的坏习惯。但所有这一切的根源都在于——教养不当，多年来形成的错误人生观，坏朋友带来的致命影响。”[第 342 号信，1883 年 5 月 10 日]

由于他的经济状况堪忧，西恩的家人尤其是母亲竭力想拆散这对情侣，声称文森特只是在利用西恩充当模特儿。她的母亲显得越发爱管闲事，文森特最后只好逼迫西恩在他与她的家庭之间作出抉择。他梦寐以求的家庭生活正在崩溃中。只有 1 岁的威廉带来了少许快乐。

8 月 17 日，提奥对海牙作了短暂访问。文森特希望提奥留下过夜，但是弟弟只待了几个小时。过去的一年什么作品也没有卖掉，除了几件小品出售给了叔叔，提奥表示如果他继续跟西恩和她的家庭住在一起，那么他再也不能资助文森特了。提奥的看法是：分手对文森特个人只会更好，也有益于他的工作。对于这种荒唐的关系，海牙艺术圈很多重要人物只得敬而远之。提奥离开后一天，文森特在信中写道：

“至于那个女人，我不怀疑你无论如何都会理解，就我而言，我是不会匆促行事的。”[第 375 号信，1883 年 8 月 18 日]提奥的最后通牒促使文森特质疑他与西恩的关系，但是如果他离开了她和她的孩子，她会有什么样的命运呢？一想到这里，他被愧疚感折磨得身心交瘁。

有一段时间，他心里盘算着离开城市，到沿海或乡村地区去，那里的生活消费肯定不会那么高昂。他甚至考虑移居英国。他赞赏的艺术家经常外出游历，这样可以不余遗力地从事创作。文森特欠债累累，将搬迁视为削减生活成本的措施，但也当作逃避家庭烦恼的手段。如同朋友安东·凡·拉帕德一样，他决定移居到德伦特的乡村地区。他梦想在泥煤地区建立一个艺术画社。

最初他考虑带着西恩和孩子一起走，因为他担心她会故态复萌。但是危局挽回无望，西恩担心他弃她而走，却又不愿和自己家人断交。“这些还都是情绪好的时候，情绪坏起来的时候，那才更加没辙。她会堂而皇之地要么说：没错，我冷漠、懒惰，一贯如此，无可救药啦；要么说：没错，我就是一婊子；要么说：‘到头来我准会以投河自尽而收场。’”[第379号信，1883年8月23日和29日]

1883年9月2日，文森特作出了艰难的决定：舍弃他的“家庭”而远走德伦特。这是为了他的兄弟，为了他的家庭，但最主要是为了他的工作。“你瞧，我不想得过且过地勉强度日，我想继续工作，一往直前，干劲十足地通过画画做自己必须做的事情。我知道这样做不会有错，也就是说，我不知道继续拼命工作，事情的结局对她和对我会是怎样。但是如有必要，只要我独自闯荡，情况肯定会变得更好；这要胜过我俩待在一起相互妨碍，从而双双陷入僵滞所造成的困局。”[第380号信，1883年9月2日]

一个半星期以后，当文森特搭乘火车前往德伦特苍凉的乡村地区时，西恩带着威廉意外地现身于月台，挥手向他道别。告别婴儿令他感到心碎，但这是不可避免的，因为西恩已经无法挽救：

“我从一开始就知道她是个声名狼藉的人，但还是希望她能站稳脚跟，此时此刻，就在我再也见不到她的踪影和思念她的种种好处之际，我开始越发意识到她在迷途上走得太远，再也无法改过自新了。那样只会令我的同情心徒增，而且这是一种忧郁感，因为我对此也无计可施。提奥，看到荒原上贫穷的女人臂弯里抱着或是胸前紧贴着一名婴孩，我的眼睛就会湿润起来。”[第386号信，约1883年9月14日]

出于愧疚和关爱他的“家庭”幸福，他寄钱给她们，仅仅几个星期后就变得身无分文。他逃往乡村，原本以为会让艺术获得蓬勃生机，结果证明是一场灾难。文森特不觉沮丧起来。乡村生活对他没有什么好处，虽然他的速写和写给提奥的信中充满抒情色彩的言辞传达的不是那么一回事。石楠丛生的荒原美景、村民的忧郁以及乡间色彩和光线激励着他作画，但他的孤独意味着所有的努力注定要失败。德伦特的农民取笑他，不愿跟陌生人沾边，更不用说给他摆姿势写生了。

正如文森特在孤独时习以为常的那样，他会去风月场所寻找慰藉。他在情感上被愧疚感折磨得身心交瘁，也错失了与志同道合者交往的机会。他债台高筑，四处树敌，重新燃起了对朋友和家庭这一昔日幻影的激愤。

玛尔戈的疯狂之举

虽然他打算在德伦特待上一年，但持续时间没有超过三个月。他在圣诞节前夕到达尼厄嫩，一贫如洗，筋疲力竭，再度开始和父母亲共同生活。在道吕斯与安娜·凡·高的住所隔壁，住着42岁的玛尔戈·贝杰曼（Margot Begemann）和她的两个姐姐。众姐妹继承了父亲遗下的一幢宽敞而豪华的别墅。玛尔戈是在布拉班特村一个严格的新教徒家庭里长大的；她的父亲担任市政当局的牧师长达47年之久。她在家受教育，过着孤独的生活，多少有点儿脱离现实。她照料尼厄嫩及其周围的病人，以其慈善之举而著称。

文森特是在1884年年初结识玛戈特的。他的母亲在1月份意外摔断了腿，玛尔戈前来帮忙照料。此后数月，她定期登门帮助凡·高家庭，护理文森特的母亲，缝补衣服，担负起安娜在牧师住所的责任。没过多久，玛尔戈开始对文森特产生兴趣。她陪同他外出写生，造访他位于教堂街的画室。她四处走动护理病人时由文森特给她做伴。两个孤独的人之间开始缓慢地、但又必然地滋生出好感。与追求凯依和西恩时的情形一样，他没有把萌芽阶段的情事告诉弟弟。

文森特和玛尔戈都知道，双方家庭不会看好这种关系，所以决定对此守口如瓶。贝杰曼家人质疑文森特的真实意图，因为玛尔戈出生于当地最富裕的家庭之一。文森特只要娶她为妻子，就能把全部时间用来工作。反过来，文森特的父母对他们脾气暴躁、举止怪戾的儿子与年龄比他大13岁的女邻居之间的婚姻没有多大自信。文森特不幸的爱情生活已令他们家庭多次蒙羞。

片刻的不慎招致了末日的降临。玛尔戈的表兄亲眼目睹一次亲昵约会，众人为之哗然。贝杰曼家人很快聚集起来，对两名情侣展开交叉盘问。个性游移不定而敏感的玛尔戈，平静地面对指责和谩骂，文森特则勃然大怒，大声嚷着要同她结婚。家人得出结论称，玛尔戈已有孕在身，这不啻是一个重磅型丑闻。立即采取行动，赶紧把玛尔戈送到乌德勒支一位医生处进行流产。考虑到她的年龄，是不可能怀孕的。

到了9月中旬，文森特终于把事情向提奥和盘托出。只有在绝望地需要一位盟友的当口才告知弟弟，这种情况跟凯依和西恩惹出麻烦时如出

玛尔戈的肖像

一辙。他在信中写道："提奥，发生了一些事情，这里的多数人对此还一无所知或毫无疑心——也许永远都不会知道，所以请你也守口如瓶——真是糟糕。"[第456号信，1884年9月16日]

就在她被迫动身去乌德勒支的前夕，秘密约会导致了一次痛苦而绝望的自杀未遂。玛尔戈在他们交谈期间摔倒在地："她的肚子绞痛起来，没力气讲话，嘴里咕哝着含糊不清的言语，抽搐、绞痛等等都发作了，她开始神志不清起来。虽然很像精神崩溃，但并不相同，而我突然起了疑心，问道——你究竟是不是吃了什么？她尖叫了一声：'是啊！'"[第456号信，1884年9月16日]

玛尔戈终于承认服用了士的宁。文森特逼着她呕吐出来，然后送她去她的哥哥路易斯（Louis）那里。在恩德霍芬（Eindhoven），医生给她服了解毒药，然后把她送到乌德勒支。遭遇死亡威胁的风险是绝对没有的，因为她只咽下少量的毒药。随着她的离去和宣布为家族海外商务而离开本地，整个事情被掩盖了起来。经过好几个月后，玛尔戈才重返尼厄嫩。

文森特在信中告诉提奥，玛尔戈身体抱恙已有一段时间。她常说，现在既已体验过爱的滋味，那就甘愿为爱而死。9月份，在她自杀未遂前几个星期，文森特写道："提奥，我已经就她的某些症状咨询过一位大夫。事发前三天，我私下里警告过她的哥哥，我担心她会发生精神崩溃……"[第456号信，1884年9月16日]

除了死之外，绝望的玛尔戈看不到任何其他办法可以迫使自己和文森特分手。"贝杰曼小姐服了毒——她和我之间的事情，她对家里说了，人们有所非议，因此她感到极度伤心，以至于在绝望之时有了这一举动。在我看来，当时肯定是躁狂症作祟。"[第456号信，1884年9月16日]

文森特把自杀未遂归咎于玛尔戈的姐姐，可能是为了减轻他本人的负罪感。他考虑和玛尔戈结婚，但又必须等待她的康复。他再次借用医生的话争辩称，家庭生活是最灵验的良药。文森特甚至写道，他给了玛尔戈一种她在先前的生命中从未体验过的爱。然而，值得怀疑的是，文森特对玛尔戈的爱到底有多深。10月，他令人费解地写道：

"我确信或肯定她爱着我，我确信或肯定我爱着她。"[第464号信，1884年10月2日]

他的信不像涉及凯依或西恩时那么激情澎湃，完全看不到憧憬与玛尔戈同享未来的梦幻。他也不曾试图阻止她前往乌德勒支，只去医院探望了一次。按照道吕斯·凡·高的说法，在那年秋季的戏剧性事变中，文森特似乎显得出奇地平静。

凡·高《夕阳下的乡村小屋（“回忆布拉班特”）》1890年

即便在生病最糟糕的时候，我仍然照画不误，其中有关于布拉班特的回忆，秋天的傍晚，房顶爬满青苔的小屋，山毛榉做成的篱笆，掩映着刮着暴风雨的天空，红日在发红的云彩中落下。[第864号信，圣雷米，1890年4月29日]

道吕斯和安娜·凡·高在给提奥的一封信里写道，他们同邻居的关系正在戏剧性地朝更糟的方向发展。如果事态进一步恶化，他们甚至会考虑搬迁别处。与长子同住还证明是一个挑战，因为他的文静天性已让位给阴郁和消沉。他变得骨瘦如柴、神经紧张和耽于酗酒，结果酿成攻击性行为。和通常一样，他退缩到工作中去：

“近来我工作极为卖力；我觉得，受到其他焦虑的影响，自己甚至有点干过头了。至少我挺伤心的，所有这一切对自己的刺激是如此之大，以至于有好多天都提不起劲来。我吃不下，睡不着，这么说还不够，而那样让人变得虚弱了。但我会没事的，尤其是因为我从乌德勒支那边听到了很好的消息。不过我仍然很担心，恐怕她还需要漫长的时间才能完全康复。也许我也得花上漫长的时间才能恢复过来。”[第 463 号信，1884 年 9 月 30 日]

他计划去布拉班特创作素描和油画，直到作品卖得出去为止。他用柔和的调色板，描绘田园风光与乡村人物。玛尔戈一直没有结婚。

在尼厄嫩的处境变得难以维持，1885 年 11 月底文森特动身前往安特卫普，以期艺术上取得成功。3 月，道吕斯·凡·高在中风后与世长辞。据说，父子间难以通融的关系终于证明是致命的。在父亲去世后不久，文森特的大妹妹逼迫他搬出牧师住所，住到自己的画室去。与母亲和妹妹的关系达到了空前未有的最低点。

在与玛尔戈爆出丑闻以后，村民不想同文森特发生任何瓜葛。更糟糕的是，不胫而走的谣传称：他让农夫的女儿戈迪娜·德·格鲁特（Gordina de Groot）未婚先孕。

戈迪娜和她的家人经常为文森特摆姿势画画，包括著名的《吃土豆的人》（见第 24 页）。戈迪娜也会独自造访文森特，他们俩在他的画室里度过了好多个深夜。文森特矢口否认是戈迪娜孩子的父亲，但村民们可不这么认为。面对日益升级的麻烦，文森特决定离开布拉班特乡村，由此也欠下了一屁股债。

凡·高《妇女头像(戈迪娜·德·格鲁特)》四幅
1885年

阿戈斯蒂娜·塞加托利

在安特卫普，文森特光顾了市内的许多咖啡馆。他的目的还是在于掌握人物素描技巧。他寻求女性青睐的愿望和自身艺术追求，在比利时港口得以水乳交融。他逛遍安特卫普的大街小巷，在观瞻各国女性风采的同时，探寻着模特儿和亲情。“我在这儿的人群中见到的女子风姿绰约，给我留下极为深刻的印象——与其说想占有她们，倒不如说更想把她们画下来，尽管说实在的，两者都是我真心想要的。”[第550号信，1885年12月28日]

对提奥来说，哥哥经常光顾妓院不是什么秘密。多年以前，文森特甚至以兄长的身份，亲口建议他也不妨这么去做:“我还要坦诚地告诉你，我想得很明白，如果你认识哪个值得信任和有感觉的姑娘——肯定有许多这样的姑娘存在，那你偶尔去找那个姑娘时千万不要觉得难为情。”[第203号信，1882年1月26日]

在安特卫普，他主要是搜寻模特儿。作为对裸体摆姿势的交换，文森特会送模特儿一幅肖像。他需要在描绘肖像方面积累更多的经验，因为他觉得它们能成为很好的收入来源。遗憾的是，准许他画画的女性对他粗鲁无礼的工作方式不很满意，致使他无法磨砺自己的技能。

提奥对西恩的事记忆犹新，没有太过在意文森特利用妓女作为模特儿的计划，力图劝他重返布拉班特以倾力描绘风景。如果文森特不同意，提奥觉得有必要中断对他的资助。文森特已经逃离令人窒息的乡村，决不会考虑重回牧师住所的家。相反，他买了一张赴巴黎的单程车票，强行与弟弟在那里同住。

1886年2月，文森特出现在提奥的门厅里，几个月后他们搬入莱比克街（Rue Lepic）一套更宽敞的公寓。作为现代大都市，巴黎以林荫大道和喧闹的夜生活而闻名于世，与布拉班特乡村有着天壤之别。欧洲最伟大的艺术家蜂拥前往那里，他们的生活方式与因袭的道德标准相去甚远。就连他弟弟的圈子里，艺术家包养情人和光顾妓院的也大有人在，他们这么做不只是为了画画。与许多画友不同，文森特的素描或油画几乎没有描绘他光顾城内不光彩的场所。据我们知道，只有少数几幅速写勾勒了裸体和妓院场景。

在巴黎，文森特邂逅了多姿多彩的阿戈斯蒂娜·塞加托利，一度以模特儿而颇为走俏的意大利女性。包括柯罗（Corot）和马奈（Manet）在内的艺术家都为她画过肖像。就职业而言，阿戈斯蒂娜生活在模特儿与卖淫女之间的边沿。她在巴黎认识很多女子，这对她自办“铃鼓”咖啡酒馆（Le Tambourin）大有裨益。在这个颇受艺术家欢迎的咖啡馆里，女侍者常会在下班后赚取一些外快。

文森特遇见阿戈斯蒂娜时，她已经 43 岁，以咖啡酒馆业主而名闻遐迩。文森特靠画肖像挣钱的计划，在巴黎就像在安特卫普一样未获成功。因此，他转而画花卉静物，希望出售以遒劲的笔法和浓烈的互补色见长的作品。大概他也用作品换取在“铃鼓”的进餐，咖啡酒馆的墙壁起着展厅的作用。阿戈斯蒂娜利用咖啡酒馆貌似博物馆的外观吸引顾客。文森特利用这些墙面向公众展示自己的作品。

1887 年，他用自己收藏的日本“浮世绘”版画在“铃鼓”组织了一次销售展览会，阿戈斯蒂娜准许他同时悬挂一些他本人的画作。大约在这个时期，他为阿戈斯蒂娜绘制了一幅坐在咖啡酒馆别致的铃鼓状桌边的油画。背景上可看到一幅风行的日本版画，寥寥数笔勾勒得惟妙惟肖。

由于他和提奥同住，没有必要写信，那也解释了这一时期书信稀缺的原因。所以，阿戈斯蒂娜和文森特谈情说爱的细节仍不清楚。高更和贝尔纳事后写道，文森特爱上了意大利咖啡酒馆的业主，但他们的回忆都带有浪漫意象的色彩。

文森特的巴黎作品画的是巴黎街头几对情侣。后文摘选的书信，似乎印证了文森特与阿戈斯蒂娜不可能非常亲密的事实，否则他一定知道她小产或流产的事。他的妒忌和痴迷天性，似乎导致了他们的恋情戛然而止。

从商业角度而言，1887 年夏季是阿戈斯蒂娜苦苦挣扎的时期。她的咖啡酒馆成了轻罪犯人的安全港湾，7 月份业主转手。他们的关系为什么会结束，又是如何结束的不得而知，但看来好像是阿戈斯蒂娜那位同样在“铃鼓”打工的新男友要求文森特净身出局。文森特似乎没有理会警告，一番斗殴后，被禁止出入不再由阿戈斯蒂娜经营的咖啡酒馆。他后来重访故地只是为了收拾整理自己的画作，否则它们会被当作破产诉讼程序的一部分而拍卖掉。文森特认为，关系破裂和阿戈斯蒂娜普遍不友好的行为与她身体欠佳有关：

“至于塞加托利小姐……，我依然对她怀有好感，希望她依然对我抱有一点同情。……我本人确信她流产了（当然，除非是她小产）——但无论在哪种情况下，我都不会责怪处于困境的她。过两个月她的情况会有所好转，届时她或许会为我不曾打扰她而心存感激。如果她在健康良好的情况下蓄意拒绝归还我的东西或者给我带来任何伤害，那么我也不会宽容她——但是没有那种必要。我实在太了解她了，依然对她寄予信任。话说回来，如果她设法将咖啡酒馆维持下去，从商业角度看，我不会指责她宁可做吃掉别人的一方，而不做被吃的一方。如果她为了成功而对我有所冒犯——在必要的情况下，那么她有自由行动权。在我再次见到她时，她没有伤害我的感情，要是她像人家说的那么卑鄙，本可以那么做。”[第 572 号信，1887 年 7 月 23 到 25 日之间]

文森特离开巴黎后，再也没有在书信中提及塞加托利。

竞争之爱

正当文森特在巴黎试试他的艺术和猎艳运气之际，提奥前往荷兰向其友人安德烈斯·邦格（Andries Bonger）的妹妹约·邦格求婚。提奥很快就回来了，一副万念俱灰的样子，约拒绝了他的求婚。两兄弟一块儿沉湎于巴黎的夜生活。他们光顾咖啡馆，观赏卡巴雷歌舞会表演，啜呷葡萄酒和苦艾酒，享受有女人陪伴的时光。

提奥对女人的爱情，使文森特变得焦虑而绝望。他担心自己将不得不让位给提奥生活中的另一个人，唯恐失去他同弟弟保持的特殊联系。此外，他对天伦之乐的憧憬在悄悄溜走。“至于我自己呢，感觉正在丧失对婚姻和子女的欲望，在年届 35 岁理应有截然不同的体验之际竟会生出这般念想，有时候不免为之而深陷愁思。有时候我会归咎于这该死的绘画。”[第 572 号信，1887 年 7 月 23 日到 25 日之间]

1887 年后半年，他对一心想当作家并认为可以通过学习掌握写作技巧的妹妹威莱米娜（Willemien）提出了下述忠告：“……去学学跳舞，或是找一名或多名公证员、军官，总之你接触得到的任何人谈谈恋爱吧。确切地说，哪怕做再多的傻事也别留在荷兰学习，它除了使人变得愚钝麻木外，什么目的也达不到，所以别再跟我提起它。”他还写道：“尽情地享受人生，尽可能多多消遣。要知道，人们现如今要求艺术必须非常生动，有强烈的色彩，非常浓重饱满。所以，你要让自己变得更健康、更强壮、更活泼一些，那是最好的学习。”[第 574 号信，1887 年 10 月下旬]

他在反思自己的爱情生活时写道，他年轻时代攻读神学的岁月，才是更适合谈情说爱的时光。伟大的艺术植基于爱情。但是，他不得不作出伤心的结论并在信中告诉威莱米娜：“至于我呢，依然不断有最不可能实现、极其不合时宜的艳遇，待时过境迁后，照例只落得个羞愧和耻辱。”[第 574 号信，1887 年 10 月下旬] 他甚至打探玛尔戈·贝杰曼的近况，询问戈迪娜·德·格鲁特是否嫁给了她的表兄。

文森特耗时两年，试图在巴黎创建自己的生活。他游历法兰西的首都是为了出售画作，如有可能就成家安顿下来。但是，这座城市不可能实现文森特的两个梦想，他开始感到气馁。

1888 年 2 月，文森特离开巴黎，前往法国南方的阿尔勒。他依然造访妓院，开始意识到幸福的家庭生活不可能眷顾自己，因为他全神贯注于艺术。“但以

凡・高《“铃鼓”咖啡酒馆的阿戈斯蒂娜・塞加托利》1887 年

我的性情，放荡不羁的生活和工作根本是不可能相容的，眼下我必须满足于作画。这既不是幸福，也不是真正的生活，但我还能抱怨什么呢？这种艺术家的生活，即便算不上真正的生活，在我看来也是如此地充满活力；若还不知足，那就是不识好歹了。”[第 602 号信，1888 年 5 月 1 日]

文森特写信给贝尔纳和高更称，做爱会妨碍完美的艺术，并以著名艺术家为例来论证这种说法：他们虽然包养了多名情妇，却过着平庸的爱情生活。也许，这是他在为自己的失恋及生理缺陷进行辩解。他在写给提奥的信中暗示自己患了阳痿。艺术成了他逃避现实的手段。“我越是变得丑陋、苍老、卑微、多病、贫穷，就越是希望挥洒绚丽、和谐、辉煌的色彩来为自己复仇。”[第 678 号信，1888 年 9 月 9 日和 14 日]

当文森特终于明白同女人的关系对他毫无意义时，他全身心地投入到艺术追求中。1888 年 11 月，他把所有的时间用来画邮差约瑟夫·罗林（Joseph Roulin）及其家人的肖像。罗林的妻子，不管是否怀抱婴儿玛塞勒（Marcelle），都成了文森特心仪的题材。在这些作品中，他似乎捕捉到一种对妻子和孩子的渴望之情。

与凯依和她的家庭共享天伦之乐的回忆，他在海牙斯亨克路同西恩和摇篮中的小威廉共度的时光，加上德伦特的母亲与子女，栩栩如生的母子形象盘桓在他的脑际挥之不去。他用大胆醒目和富于表现力的色彩描绘罗林太太。他将肖像命名为《摇篮曲》（见第 39 页），即左右晃动摇篮的女人。她手中的绳子表明摇篮作为联系母亲与孩子的一条脐带近在咫尺。

罗林夫人是给人以抚慰的母亲形象，她以自身的存在驱逐着焦虑和孤独。“关于这幅画的主题，我对高更说过——就在他和我谈论冰岛渔民他们如何陷入了忧伤、隔绝的环境，置身于各种危险之中，在悲伤的大海中孤单飘零——我和高更说过，在这些亲密的谈话之后，我有了灵感，要画这样的一幅画：水手们既是孩童也是殉道者，在一艘冰岛渔船的船舱里看到这幅画，将体会到一种被左右摇晃的感觉，使他们联想到自己的摇篮曲。”[第 743 号信，1889 年 1 月 28 日] 他为她画了五次肖像。

文森特想通过与高更富于成果的关系相互鼓励，创作出精品力作的希望破灭了。激烈的艺术争论导致了狂暴的肢体冲突。在最后一次斗殴达到高潮之际，高更收拾起行李，离开了黄房子。在癫狂的霎那间，文森特用剃须刀割下了自己的耳朵。

这一次崩溃是文森特进入多次严重癫狂发作时期的开端。在阿尔勒医院短期住院后，他同意入住圣雷米的精神病院。每逢有可能，他像着了魔似地描绘

凡·高《约瑟夫·罗林》1888 年

凡·高《卡米耶·罗林》1888 年

凡·高《阿尔芒·罗林》1888 年

凡·高《母亲怀抱里的玛塞勒·罗林》1888 年

修道院周围的田野、橄榄树、丝柏和鲜花。

文森特患了忧郁症和抑郁症，他的书信喋喋不休地回忆着所做的选择和过去的往事。他从来不曾对艺术界抱有太大的信心，但是他的观点变得越发悲观了。他对生活和自己感到失望：“就我而言，我经常为自己的生活不够平静而忧虑重重，所有这些失望、烦恼和变化意味着我在自己的艺术生涯中没有得到自然而充分的发展。”[第 764 号信，1889 年 4 月 28 日和 5 月 2 日之间]

他意识到自己在女人方面也处处碰壁。更糟糕的是，提奥和约·邦格结婚，并幸福地宣布 1889 年夏季就要生孩子。文森特的世界轰然倒塌了。他觉得自己仿佛是个多余的人，他永远不可能拥有妻子或孩子的念头愈益强烈地迫上心头。1890 年 1 月 31 日，提奥的儿子诞生并用文森特冠名。文森特确信，娶妻生子会使提奥“达到孜孜以求的目标，拥有更纯朴、更真诚的天性。”[第 789 号信，1889 年 7 月 14 日或 15 日]

直到 5 月份，在又一次经历了严重崩溃后，文森特才去巴黎探望小侄子。喧嚣的城市生活，与难觅安宁的世界的冲突，迫使他逃遁到瓦兹河畔的奥弗。在这个相对更僻静的地方，他受到了顺势疗法医生保罗·加歇的庇护。他试图用全景式描绘美丽而健康的周遭环境的画作，说服弟弟带着以“文森特”冠名的孩子离开令人窒息的城市。这是一次纯属徒劳的尝试。

文森特向往自己拥有一个家庭的梦想只显现于他的艺术。他期待情爱关系与家庭生活的希望已经消弭。他感到自己太老了，不该拥有妻子儿女。“我经常想起小家伙，我认为养儿育女肯定比穷其一生画画要好。但是你又能如何呢？我现在，至少我感觉我现在太老了，不能让昔日重现，或者对别的有什么念想。我已经没有这种欲望了，尽管道义上的疼痛仍然存在。”[第 898 号信，1890 年 7 月 10 日]

说明：本章为妮恩凯·博斯（Nienke Bos）与莉丝贝瑟·欣克合著

凡·高与金钱

让我惊讶的是钱包已经基本见底了，虽然我确实要付这个月的房租。你一定要明白，扣除了食宿的费用，我手头所剩的钱依然是全部花在画布上。简而言之，它们还是太贵了点，而且还得费很大的劲才能买到。然而，我敢说我们花掉的钱总有一天会慢慢回来的，并且如果我有更多的钱，我会投人更多，用来购买质量好、种类丰富的颜料。

——文森特 · 凡 · 高

[文森特 · 凡 · 高致弟弟提奥，第 636 号信，阿尔勒，1888 年 7 月 5 日]

引言

文森特 · 凡 · 高是贫穷艺术家的天才不为社会所认可的极致体现。他因过着看似穷困潦倒的生活而斯文扫地，他的绘画生涯又因不合时宜的夭亡而戛然终止。他的人生已嬗变成一则影响远远突破艺术史藩篱的神话。他历来被视为与世俗格格不入的人、孤独的灵魂和疯狂的天才。不受待见的结果，让人以为他多少受到不公正待遇，他的天赋未被公认应归咎于社会。

自从凡 · 高以来，有关艺术家的理念从来就不是一成不变的。如果偶尔遇见某个为打造精品力作而牺牲物质享受的人，我们旋即会把他与文森特相提并论。

随着《凡 · 高书信全集》于 2009 年出版问世，更多的人有机会可以读到他的书信。尽管如此，他的身世依然蒙着一层神话的迷雾。如今人们执意将他的画作卖出令人瞠目的高价，同他据称是一贫如洗的生活加以比照，声称世界压根没有做好迎接他的准备。艺术家入住圣雷米精神病院第一个星期绘制的《鸢尾花》（见第 43 页）原本只是习作而已，却在 1987 年拍出了 4900 万美元的天价，成为当时世界上最昂贵的绘画。这个故事至今让人津津乐道。

凡·高和毕加索(Picasso)一起，雄踞现代艺术家最有价值的绘画排行榜首；在 30 幅身价最不菲的画作中，有 7 幅是出自凡 · 高的手笔。

金钱在文森特的生活中起着重要作用。书信集不仅告诉我们他在艺术上的种种努力，而且还包含着无数次指涉自己财务状况的表述：出现“金钱”一词的书信不下 392 封，事关“法郎”的有 272 封。文森特经常谈到钱，或者确切地说，是他感同身受的囊中羞涩。尝试出售画作是一场艰巨的奋斗，因为购买当代艺术品的公众偏爱细腻精美的画风。那些在文森特看来聪明到足以欣赏自己画作的人又穷得买不起。他不能认同于印象派、后印象派或象征主义等群体流派也无济于事。此外，文森特对于成功和展示作品的态度自相矛盾，多次谢绝参展的邀请。依他之见，这样的商业活动证明不了艺术家的天才。

文森特生前只卖出寥寥几幅画作。众所周知，1890 年《红色葡萄园》(1888，见第 57 页）在布鲁塞尔的“独立画派”展览会上以 400 法郎出售给比利时家境富裕的女性艺术家安娜 · 博希。她的哥哥、艺术家欧仁 · 博希（Eugène Boch）是凡 · 高的朋友。这是文森特有生以来第一笔数额可观的销售业绩。

在海牙时期，他勉强出售了一幅水彩画，两套素描系列则委托他的叔叔科内利斯 · 马利诺斯 · 凡 · 高寄售。第一套系列由 12 幅售价分别为 2.5 荷兰盾的素描组成，价格虽低，但文森特得出了低价多售胜过高价少售的结论。此外，他急于把素描收集在一起，借以强化它们的表现效果。那幅水彩画被古皮尔海牙公司经理赫马纽斯 · 特斯泰赫 (Hermanus G.Tersteeg）以 10 荷兰盾金额

我为科尔叔叔画了 12 幅素描，拿到了 30 个荷兰盾，也就是每幅素描 2.5 个荷兰盾。这可不是开玩笑的活，我所花费的辛苦远远不止 30 个荷兰盾，要我把这看作是对我的帮助之类的，那可是对我不公。[第 228 号信，海牙，约 1882 年 5 月 16 日]

凡·高委托叔叔寄售的12幅素描，1882年

买下，按照当代标准来说，价格非常低廉。这笔买卖应视为一位世交的帮忙，并没有录入公司的收购账册。

一个鲜为人知的事实是，文森特设法售出了另外两件作品。阿尔勒时期的一幅习作，以数额未知的价格卖给（或者通过）画商巴格（Bager）而售出，文森特因以习作形式给亲密朋友唐居伊老爹（Père Tanguy）画的肖像则收到 20 法郎 [第 638 号信，阿尔勒，1888 年 7 月 9 日或 10 日]。后一笔交易也许可称之为对颜料和画布成本的补偿而并非正规销售。

尽管他竭力出售自己的作品，但事实上文森特比我们想象的可能更有商业头脑。这一点也许并不奇怪，因为他出生于一个成功商人云集的家庭。他的父亲有三个兄弟是声望卓著的艺术品经销商：亨德里克 · 凡 · 高（Hendrik van Gogh），人称“海因伯伯”（Uncle Hein，1814-1877）、文森特 · 凡 · 高（Vincent van Gogh）或“森特伯伯”（Uncle Cent，1820-1888）以及科内利斯 · 马利诺斯 · 凡 · 高，人称“科尔叔叔”（Uncle Cor，1826-1908）。从 19 世纪 30 年代末起，海因伯伯便在鹿特丹经营图书和艺术品销售，是古皮尔画廊公司驻布鲁塞尔的经理。森特伯伯的艺术和艺术品供应公司使他成为海牙一名富商，1861 年其业务成为古皮尔公司的一个分支。科尔叔叔以阿姆斯特丹为基地，靠出售图书和艺术品谋生。文森特的父亲是个例外，他以教士的身份靠微薄收入度日。

文森特的弟弟提奥沿袭了精明的经商观念，他的富足使他有能力赡养哥哥。从 1881 年到 1890 年逝世为止，他在巴黎经营有名的布索德 · 瓦拉东公司（Boussod & Valadon，直到 1884 年变成古皮尔公司为止），在欧洲文化中心轻松地同法国和英国的国际客户保持着沟通。

他是一个富庶、聪慧和深受艺术家、收藏家及画商器重的人。提奥负责收购和销售当代艺术，每星期在蒙特马特大街的分部画廊工作六天。他用自己的薪水帮助家庭成员，寄钱给父母亲，为抚养妹妹威尔和弟弟科尔（Cor）以及支持哥哥作出了贡献。当文森特搬到埃滕牧师住所与父母亲同住时，提奥每个月寄 100 法郎给父亲以贴补开销。1882 年 1 月，文森特开始完全依靠提奥。两年后，兄弟俩达成一项大意如下的协议：提奥可以把文森特的每件作品视为自己的财产，作为对每个月 100 法郎，后来提高到 150 法郎的津贴的回报。保存或销售作品是提奥的责任。随着岁月的流逝，在他的巴黎公寓里储存了文森特的数百幅油画和速写。令文森特深感遗憾的是，提奥在尝试出售他的作品方面不像他希望的那么积极。

文森特出色的商业头脑不是立即显山露水的。他苦苦挣扎，没能出售自己

凡·高《唐居伊老爹》1887 年

海因伯伯肖像

森特伯伯肖像

科尔叔叔肖像

凡·高父亲道吕斯肖像

的作品，但还是怀揣总有一天会改观的希望。他意识到，既然不准备炮制迎合当代艺术爱好者的作品，那么等待可能是漫长的。因此他寻觅收入途径，以缓解拖欠提奥的债务，但又不时忠告弟弟注意市场动向和出售他的绘画。他的创意构想层出不穷，尤其是在绘画生涯的早期阶段。他考虑为伦敦杂志担任插图画家，为餐厅和咖啡音乐屋搞装潢，甚或为商店画招牌，还想把作品捐献给海牙新建的博物馆。他让人拍摄下若干大幅素描的照片用作宣传材料，并将《吃土豆的人》石版画（见第 25 页）分送给各个展览会场。在阿尔勒，他以自己的油画作抵押，敦促画商托马斯老爹（Père Thomas）借钱给他。

通过与安东·凡·拉帕德、埃米尔·贝尔纳、夏尔勒·拉瓦尔（Charles Laval）、保罗·高更、梅耶特·伊萨克·德·哈恩（Meyer Isaac de Haan）和约翰·拉塞尔（John Russell）等其他艺术家交换作品，文森特设法为提奥建立起当代艺术收藏库存，它们如今存放在阿姆斯特丹凡·高博物馆里。此外，他还向提奥推荐值得收藏的作品。他预料这些画作会随着时间推移而价值大增，将它们看成一笔不错的投资，而事实也正是如此。他还收集杂志插图，截至 1882 年 6 月达到 1000 幅，在他逝世前又积攒起 500 幅。

文森特早就认识到日本浮世绘木刻版画的意义，并正确地预测到它们存在的升值空间，特别是出自葛饰北斋等老一辈画家之手的作品。他以 100 法郎从西格斐·班格（Siegfried Bing）等画商处购得 660 幅浮世绘版画，作为兄弟俩的私人收藏。由于它们在当时几乎没有货币价值，所以人们的兴趣不是很大。他动身前往阿尔勒时，建议提奥继续向巴黎画商购买。兄弟俩利用它们进行学习和交易，同时保存其中的佼佼者。阿姆斯特丹的凡·高博物馆，如今存放着 570 幅由兄弟俩收藏的日本浮世绘版画。

保罗·高更《有贝尔纳肖像的自画像》1888 年

埃米尔·贝尔纳《有高更肖像的自画像》1888 年

如果进一步合作的计划无法实现，没关系，但每个人都要重获行动自由。我写给高更的信已经发出；我问他们是否愿意做交换画作；我真想得到高更为贝尔纳画的肖像和贝尔纳为高更画的。［第 680 号信，阿尔勒，约 1888 年 9 月 11 日］

我的画室还过得去，主要是因为我在墙上钉了一套日本版画，它们相当有趣。你知道，那些花园里或岸边的娇小的女性人物，骑士们、花朵、粗糙多节的荆棘枝条。[第545号信，安特卫普，约1885年11月28日]

凡·高《花魁（临摹溪斋英泉）》1887年

具有经商头脑并不意味着文森特是一个通晓世故的人。由于他不擅长社交，早年又缺少支持，许多计划都付诸东流。有时候，他给提奥的忠告是脱离现实的。文森特甚至会不时地敦促弟弟放弃工作，去当一名艺术家！文森特对人的理解也异常天真。给人的感觉仿佛是：他对自己被海牙女友西恩所利用的事实视而不见。他非但没有将她看成是利用自己摆脱妓女命运的精明女人，反而把她想象成完美母亲和女性伴侣的化身。在阿尔勒，他没能为一名年轻的当地姑娘画完肖像，因为他同意将工钱预支给她，而她没能回来继续摆姿势。

在探讨文森特的经济状况时，我们大量地依靠兄弟俩的通信。他的书信，读来兴味盎然，极具说服力，印证着一个强悍的人格。作为两人中的稍长者，他会给提奥以哥哥般的忠告，内容涉及女人、健康、参观博物馆、该读哪一本书以及该收购哪一件作品。视具体情况而定，提奥要么被当作推心置腹的知己，要么被视为需要搞好关系的赞助人。

这些书信，必须从文森特依附于他弟弟的角度去解读。对文森特而言，身无分文意味着他没法开展工作。他用了漫长的时间才找到自己的职业，而一旦作出当艺术家的决定，就什么也阻拦不了他，包括身体欠佳、社交孤立、寂寞和一文不名。尤其是后者令他颇伤脑筋：“如果一个人没有钱，那么按定义他从一开始就是不合格的。”[第 226 号信，海牙，1882 年 5 月 12 日或 13 日] 说服弟弟不断寄钱给他，让他对自己的工作抱有信心是至关重要的。尽管书信卷帙浩繁，但我们对文森特的日常生活还是知之甚少。只有当书信内容涉及缺衣少食，冒然闯入财务现状的“禁区”时，我们才得以洞悉他的生存境遇。

将文森特视为一名贫穷艺术家的流行观念是怎么发生的呢？在阅读书信之余，我们无法避免的印象是他似乎不停地在要钱。信中不时会跳出诸如此类的语句：“务必尽快寄材料给我。我已所剩无几”，或者“务必尽快寄点额外资金给我”，“请尽快寄另一封信给我”或“企盼你的来信”，应该解读为索要钱款的请求。有时候文森特会更直言不讳地向提奥施压，要求寄更多的钱或是比计划提前寄津贴：“我身边只剩下不到 1 盾，今天还得雇一名模特儿再画几小时。所以，明天我又将不知所措了，但你的信可能会来了。”[第 479 号信，尼厄嫩，约 1885 年 1 月 23 日] 钱通常是用标准信封汇寄的，偶尔也用邮政汇票寄。幸好，丢失的情况非常罕见。

在计算过文森特从他弟弟处收到多少钱之后，他的“痛苦”处境似乎多半是他自己造成的。“节省”和“足够”不属于他的词汇。他的雄心壮志造成他入不敷出，永远处于对模特儿、颜料、绘画器材、纸、画布、画框和画纸套框的需求之中。作为一名艺术家，文森特的地位相对是有保障的，因为弟弟每个月都给他薪俸。他的同时代人并不都是那么幸运的。虽然文森特理性地知道自己是幸运的，但鉴于自己的雄心壮志，他觉得好似一名“贫穷”艺术家。

在艺术史的相关文献中，提奥常被描绘成悉心照料哥哥文森特的弟弟，这幅图景是需要稍加修正的。在实施失业津贴前的年代里，生活困顿的家庭成员靠较富裕的亲属度日是颇为司空见惯的。艺术家常会得到家人、艺术商或收藏家的资助，直到他们有能力自食其力为止。提奥很可能感到对文森特有额外照料的责任，因为建议文森特当一名艺术家的就是他。

提奥不是一位大富翁，但他担任的职责意味着他在 19 世纪 80 年代始终是相对宽裕的。他的基本年薪为 4000 法郎，外加一笔占他经营分公司纯利润的 7.5% 的红利。由于他的古皮尔分公司生意兴隆，他每年可赚取约 12000 法郎。他的分红状况如下：1882 年：7242 法郎；1883 年：8226 法郎；1884 年：6943 法郎（1885 年的统计数字缺失）；1886 年：9840 法郎；1887 年：7467 法郎；1888 年：9619 法郎；1889 年：6881 法郎；1890 年：8247 法郎。根据提奥的账簿记载和来往书信，文森特估计从他弟弟处拿了约 17500 法郎（约 8225 盾），其中不包括提奥无论何时去探望时赠与的现金礼包。文森特把这些钱看成预支酬劳，一旦他的作品开始出售就要归还的。总而言之，提奥将收入的 14.5% 耗费在哥哥的身上。

从 1880 年到 1890 年，提奥从经济上资助哥哥大约十年。以前，文森特一直能做到自食其力，但从未干过高薪工作，一个月挣 50 盾（约 100 法郎），在博里纳日工作时甚至还不到一半。文森特决定成为一名艺术家时，他收到父亲给予的 170 法郎，加上提奥 50 法郎的补贴。大约从 1881 年 4 月起，他开始接受提奥每月提供的 100 法郎津贴，第二年这笔费用增加到 150 法郎。1885 年文森特的父亲逝世，他本人随即搬出牧师住所，这个安排即使在此后的岁月里仍保持不变。

提奥·凡·高肖像，1889 年

兄弟俩在1886年和1887年同住巴黎，我们没有这一时期的任何文献资料，但我们知道提奥的经济资助在文森特移居阿尔勒后有了大幅度提高。1888年，他总共给了哥哥2900法郎。在1889年的最初五个月里，文森特重新靠他每月的津贴生活，从1889年5月直到翌年7月逝世，他先后在圣雷米精神病院和奥弗度过，这段时间花去提奥3310法郎。如此严重依附于弟弟，使文森特的内心深感愧疚，但要成为更优秀的艺术家，牺牲又是在所难免的。

在倾力投资艺术生涯的时候，文森特指望艺术家米勒来替自己辩护。

“但做我想做的事情，首先把人物画得更好些，实在是一个钱的问题。你在桑西埃的书中是否读到，当米勒幸运地继承到数千法郎的时候，他非但没有用它来稍许改善一下自己的生活——凭良心讲他是够贫穷的——相反，他立即动身前往他的诞生地把农民全部重画一遍，就那样花完了他的全部遗赠——而且——米勒是对的。”[第513号信，尼厄嫩，约1885年7月12日]

令文森特倍感痛苦的，是因缺乏画具或金钱而无法画自己想要的作品。有时候，他感到巨大的压力；他审慎地以尽可能有效的方式使用珍贵的画布，这种压力意味着他对画布的毁损已不止一次。有时候，对于结果没有把握，他是不会动笔画画的。他的所有画作必须做到成功，借以证明为颜料买单是值得的。

他在乎自己的绘画生涯胜过任何其他事情。他宁可不吃不喝，也不能舍弃油画或素描。这般痴迷是众多问题的起因。然而，他觉得“如果我继续努力工作的话，那么很快我也会自己挣到一点钱，但在此之前，我却碰到了极大的麻烦事。”[第202号信，海牙，1882年1月22日]

我们与其追随凡·高贯穿一生的足迹，倒不如联系他在海牙和阿尔勒两个艺术生命时期的经济状况，聚焦于他的理念和行动。这两个时期的文献资料比较丰富，为了解他一生的早期和晚期阶段打开了一扇窗。约从1880年到1890年，他的绘画生涯历时十余年。从1881年12月到1883年9月，他是在海牙（荷兰）度过的，从1888年2月到1889年5月，则是在阿尔勒（法国南部普罗旺斯）度过的。

海牙时期

1881 年 12 月至 1883 年 9 月

圣诞节期间同父亲就是否去教堂做礼拜发生争执，致使文森特当天就收拾行囊，移居荷兰当时的艺术中心——海牙。他急于以职业艺术家的身份立足，便向身为亲戚的著名艺术家安东 · 莫弗借了 100 盾，以便能租借公寓和为其配备家具。文森特不想接受父亲给予的贷款，但幸好提奥承诺继续以每月 100 法郎资助文森特，一直到他能自谋生计为止。文森特在埃滕与父母亲同住时收到的正是这笔款项。

莫弗的钱被花完了，提奥的款项还没有寄到。文森特不想再度打扰莫弗，于是便找他的前老板、古皮尔驻海牙分公司经理特斯泰赫商量，结果拿到了 25 盾。提奥的信之所以姗姗来迟，也许是因为文森特离开埃滕走得突然，也可能是提奥不赞成哥哥对待父亲的粗暴态度。文森特和父母亲的关系始终问题多多，当他的父亲逝世时，文森特决定放弃自己名下的那份遗产。

位于斯亨克路 138 号的房子，由一个房间和凹室组成，每月租金 7 盾，他为它配备了莫弗捐献的结实家具。正如文森特常做的那样，他还购买了鲜花和带鳞茎植物的罐，将它改造成一个体面的家。他花费 5 盾获得了一大批带插图的杂志，那是他的工作所必需的。由于他身上穿的大多是提奥穿过的旧衣服，早已破烂不堪，他给自己买了新衣服。在他看来，衣着体面对城市生活是必要的。他还购买了一些艺术家的基本材料，由于这些开销，他只得光顾救济贫民的施舍处以节省开支。

除了安家的一次性成本外，在海牙至少最初六个月的最大开销是雇人给他摆姿势写生。为了提高素描技巧，他需要练习画人物素描。为单幅速写摆姿势可能要持续多天。由于预算有限，文森特只得使用廉价模特，例如体力劳动者、儿童或者来自贫民所的男男女女。他们到他的画室里摆姿势，一个上午或下午收费 50 分。因别具一格的胡须经常出现在文森特素描中的聋人老者朱依德兰（Zuyderland），就是一个更廉价的选项，一天只索取 50 分。

幸好，物色模特儿的问题在 1882 年 1 月得到解决，当时文森特邂逅了一个名叫西恩的孕妇以及她的家庭，全家人都乐意为他摆姿势。然而，这个安排需付出不同寻常的代价。

频频雇佣模特，包括得供应他们饮食，意味着文森特很快就把钱花得一干二净。他不得不反复向弟弟诉说自己几乎不名一文的窘境：“……到了海牙以后，我每月的开销超过了 100 法郎，但是如果不那样做，我就没法雇佣一个模特儿来画画，那我的绘画水平也就只能维持在原来的样子，不会取得进步。”[第 215 号信，海牙，约 1882 年 4 月 6 日]

不管怎么说，我也一直在画油画和水彩画，另外还在跟着模特画人体素描，速写大街上的人物。最近我还经常雇佣了老年之家里的一个男人给我当模特。[第 267 号信，海牙，约 1882 年 9 月 19 日]

对哥哥负有资助责任的提奥，便和朋友兼同事特斯泰赫作了一项安排，确保文森特若有急需可以从古皮尔经理那里预支费用。但是，文森特有自己的尊严，即使一贫如洗也不愿接受他或莫弗给的任何钱。

凡·高《持雨伞的老人背影》1882 年

文森特常常是身无分文。提奥的津贴不敷日常生活之需，或者说，至少无法满足文森特在基本必需品方面的想法。由于生计困难，他要求提奥将津贴提高到 150 法郎，每周分期付款，满心以为这样就能迫使自己把事情安排得妥妥帖帖。至于要更多的钱有何用途，文森特对提奥并不是完全开诚布公的。在没有告知弟弟的情况下，他开始了与自己的模特儿、孕妇西恩的不伦之恋，而且觊觎着隔壁一套更宽敞更昂贵的公寓。他打算待西恩分娩后，跟她一起住进去，租金提高到

12.5 盾。

西恩跟母亲和女儿住在一起。在发现怀孕遭到抛弃后，她不得不靠卖淫谋生。1882 年 1 月，文森特一看到她就喜欢上了，让她给自己摆姿势，宣称自己找到真正的爱情了。他尽己所能地帮助她，包括为她支付房租、医院账单和饮食费用。他还让她通过沐浴洗澡以恢复健康。文森特的慷慨还扩大到西恩的一家老小。无怪乎，提奥寄来的 100 法郎是不够花销的。

过了好几个月，文森特对弟弟讲起自己的爱情。他相当清楚他们的关系会被认为是不正当的，也与他的社会地位不相称。他对她作了下述描述，同时也向提奥透露了自己正在帮助她摆脱经济困境："你可以想象得出：一个身怀六甲的女人，在冬天的大街上四处漫游——不得不自己挣面包钱来养活自己。我雇佣了她作为模特，整个冬天都和她在一起工作。我没法供给她一个模特的全部日工资，但同样，我为她支付房租，而且迄今为止尚能，感谢上帝，从我的口粮里分一份给她，为她和她的孩子提供衣食。我碰到她的时候，她吸引了我的眼睛，因为她看上去生病了。我让她沐浴洗漱干净，尽我所能为她提供药物治疗，她现在健康多了。"[第 224 号信，海牙，约 1882 年 5 月 7 日]

把弟弟提奥的钱耗用在他连见也没见过的人身上，文森特一定是感到很别扭的，他决意要证明他们的安排是无需担心的。西恩和其母亲为他充当模特，这个事实被文森特用来为他滥花在她们身上的钱进行辩护，因为她们帮助他在艺术上取得了进步："你不用太担心钱的问题，因为我们一开始就作出了相互让步。我许诺一旦我的画卖出去后，就支付给她们每天一个荷兰盾。我会因为现在支付得少而在将来多补偿给她们一点。"[第 207 号信，海牙，1882 年 3 月 3 日] 值得一提的是，女裁缝每星期只赚 6 盾，体力劳动者约为 10 盾，可见模特酬劳之高。

文森特向提奥保证，他正在缓慢而稳妥地建立新的生活，不会将所有的钱一下子全部花光。然而，他的经济状况越来越不稳定，他再也付不起房租了：

"但是，老弟，这两个星期对我来说过得特别焦虑。我 5 月中旬给你写过信，付完面包钱之后我身边只剩 3 个或者 3.5 个荷兰盾。除了干巴巴的黑面包和一点咖啡以外，我没什么其他东西可以吃，西恩也一样。因为我们为她的孩子买了点亚麻布，她已经住进了莱顿的医院，等等。房租 6 月 1 日到期，而我却身无分文，真的是一贫如洗。我希望你能寄点钱来。"[第 231 号信，海牙，1882 年 5 月 27 日]

出于急需伴侣的心理和道义上的职责感，他承诺忠诚于西恩，甚至在婴儿出生后和她结婚。提奥已有两个星期不曾回信了，也许是要让哥哥知道，他对哥哥屈尊与地位更低者结婚的计划会作何感想。因此，艺术家的财务处境岌岌可危：他甚至买不起寄信的邮票，只得给提奥寄去一张明信片讨钱。他和卖淫女关系暧昧的传言在海牙不胫而走后，再也不能指望莫弗和特斯泰赫给予支持了，因为他们表示强烈反对并疏远了文森特。

最后，一封夹带更多现金的信从巴黎寄了来。提奥知道哥哥做事往往会失去自制力，便同意分期寄钱给他，提出每个月分三次寄 50 法郎，而不是月初的全额。文森特对这样的安排很满意，顿感如释重负。他满怀对未来的憧憬，给他们的“爱巢”购买新物，例如他俩睡的大床、西恩男婴的铁制摇篮，同时还有孩子衣服和煤油炉。为了省钱，他和西恩的母亲自己动手充填床铺，他甚至安装百叶窗，对画室进行了调整。他似乎没有在画室道具上花费很多，而且希望他的模特会身穿漂亮服装、头戴鸭舌帽或礼帽现身。他日后在尼厄嫩的画室也十分简陋，只有一些“必要”的道具，例如鸟巢、木头鞋子、旋转轮和鸭舌帽、礼帽和羽毛头饰。

在接受提奥额外钱款后一个月，文森特就已在乞求弟弟给予更多的施舍了。在他未来的妻子和新家上花完所有的现金后，他的身边已所剩无几，所以提奥收到了索取衣服的请求：“如果你的衣橱里正好有你不再穿而适合我穿的夹克衫或裤子，那我将不胜欣喜。因为要我去买东西的话，我就买那些适合我在沙丘里或工作中尽可能实用的衣服，但我的外套实在是褴褛不堪了。虽然我并不羞于外出绘画时穿着廉价的衣服走在大街上被人看，但我穿着破旧的绅士衣服给人留下落魄绅士的印象，那肯定会令我羞愧难当。”[第 235 号信，海牙，1882 年 6 月 3 日]

文森特同父母亲关系复杂，这意味着他结婚或日常开销是不会向他们开口要钱的，尤其是自从他常被告知自己受教育的费用比兄弟姐妹都要高昂以后。提奥反对文森特结婚，认定西恩是在利用文森特，提醒哥哥要防备他们的父亲还会节外生枝的可能。他在信中写道：“少数证人只需陈述你无法管理自己的经济事务，那就足以让爸爸有权剥夺你的公民权，使你成为法庭监护的对象。”[第 234 号信，海牙，1882 年 6 月 1 日和 2 日]

艺术家对提奥的表态深感震惊，对父亲可能采取的行动大为恼火，声称如果非要打官司，他肯定会胜券在握。压力与日俱增，海牙的小小画室里争执不断。西恩妊娠困难，手头拮据，文森特本人感觉不适和神经紧张，不得不因淋病而被送进了医院。住院两周包括了伙食费，所以他就不用求提奥汇寄更多的搬家费了。尽管处境艰难，但文森特还是相信赡养西恩，让他们小小的家尽量舒适些，尤其从道德角度来看，自己总算走对路了。当他们被迎进新的“安乐窝”时，窗台上摆放着鲜花，还有一把为西恩准备的宽大藤椅、一双给她女儿的新靴子。对文森特来说，重要的是有一个真正的家，一个可以款待客人的地方。

“……仅仅给予生活必需的经济帮助，对病人的彻底康复是远远不够的，最灵验最有效的药物仍然是爱情和家庭……维持一个人的生命是件伟大又美好的事情，但做起来很艰难，而且需要花费很多心思。”[第 301 号信，海牙，1883 年 1 月 13 日]

“最近我买了一些盘子、刀叉和调羹，因为我和西恩到现在连这些都不曾有过。我想到三个人就买了三副，但接着我又想到——还得准备一副，等你或爸爸来的时候可以用。”[第 245 号信，海牙，1882 年 7 月 6 日和 7 日]

文森特相信，合并后的家庭可以节省一些钱：“我想现在西恩和我已经住到了一起，再不会像以前一样，是两个分开的家庭了，这样我可以从每月 150 法郎中省下比以前更多的钱来购买颜料。西恩和我都不在乎将就着过日子，既然我自己无法靠多卖出一些素描多赚些钱，那我们就不会在购买诸如家具和家庭用品等方面多花钱。”[第 246 号信，海牙，1882 年 7 月 15 日和 16 日]

由于提奥反对文森特和社会地位比他还低的人结婚，所以婚礼被暂时搁置，直到文森特能靠出售作品挣得 150 法郎为止。艺术家建议：“一旦我开始挣钱，你就逐渐减少汇寄，最终你可以完全停寄钱。”[第 248 号信，海牙，1882 年 7 月 19 日] 可惜这种情况从来没有发生过，画画成本要比预期的更高昂。

在提奥探望他以后，他想必拿到了一笔外快，因为文森特热情地购买起更多的画材和器具：

“……一只大的保湿的颜料盒子，可以摆放 12 支或 12 管水彩颜料，折叠盒盖打开后可以用作调色板——另外还有空间可以摆放 6 支画笔。这对室外绘画来说可是一件宝贝工具，实际上完全必不可少，但它太贵了，我只好不买，一直拖着，直到现在还在拿碟子和其他零散的画具对付着用，但是携带起来很不方便，尤其是当你还得同时携带其他画具的时候。因此，能够拥有这件东西真是不错，而且一旦拥有，就可以使用很长一段时间。同时，我还买了一些备用的水彩颜料并换掉了我的画笔，添置了一些新的。此外，我拥有了画合适的绘画的一切必备用品。还有一些油画颜料——大号管装的（这用起来比小号的更省钱），但你放心我只买了一些最简单的水彩和油画颜料……但我没有买那些自己可以调制出颜色来的颜料。我认为这是一副非常有用的调色板，颜色也很漂亮。如果实在需要，还可以再加些群青色、胭脂红等其他颜色。我会着手画些小品——但在夏季结束前，我希望用炭笔练习画些大幅素描，目的是日后创作更大尺幅的油画。这就是我让人制作一个全新的、但愿效果更好的透视框的原因，它靠两只脚可以稳固地竖立在凹凸不平的地面，比方说沙丘堆上。……当然，你给我的钱并没有一下子全部花光——尽管我得说这些东西的价格让我大吃一惊，尤其是脑子里还惦记着比乍看之下显得更需要添置的用品。要是你能按常规在 20 号左右寄点钱来，那可就帮了大忙，这倒不是因为届时什么都会消耗殆尽，而是我想口袋里留些余钱，可以避免作画时万一真的碰到非买不可的急需。那样有助于我画画时保持心情平静而且不慌不乱。那个保湿颜料盒子正好可以装进绘画工具箱——所以如有必要的话，创作水彩和油画所需的全部用品都可以归并一处了。我觉得拥有良好的绘画材料这点很重要，而且我会留意一下，让我的画室看上去更充实些——但不是用那些古董或挂毯或帷帘——而是用一些精彩的习作或者画具来装点。这些得有赖于我的绘画和时间。”[第 253 号信，海牙，1882 年 8 月 5 日]

他狂热地致力于画画这一奢华的职业，但又竭力限制开销的数额。由于颜料和画布如此昂贵，他要求提奥留心是否有可能按成本价而非零售价付钱。他外出写生最初总是跪着作画，画面难免蒙上层层细沙，不得不接二连三地刮擦颜料，为此叫苦不迭。他的作品表面常依稀可见草茎、沙粒和残叶。直到 1883 年，他才给自己买了一个便携式画架。

对于事实证明并无前途的不伦之恋，文森特也投入颇多，无论在资金还是人情上。与西恩同居并不轻松。她生性懒惰，动辄发脾气；婴儿老是啼哭不止；西恩的母亲爱管闲事，花钱大手大脚。除了西恩的浴费、婴儿的衣服、西恩母亲的房租外，医药费也是必须支付的。更何况，文森特一直在试验石版画，因而徒增了一笔额外开销。更令他苦恼的是，提奥夹带现金的信在邮局失踪而被耽搁，造成文森特为自己是否多少招致弟弟的怨恨而烦躁不安。

经过剧烈的内心斗争后，文森特觉得为了工作，自己早就应该离开海牙这座花销惊人的城市。令他非常遗憾的是，西恩似乎又故态复萌了。除了这种摇摇欲坠的恋爱关系外，高昂的生活成本也是文森特决定移居德伦特这一乡村省份的动机。他和绘画材料供应商卢斯（Leurs）经过一番安排，购买了不少旧颜料，由此节省了一大笔开支。1883 年 9 月，他动身前往乡村，但是并没有清偿大部分债务，也没有为西恩提供给孩子缝制小衣裳的亚麻布，更没有把自己的衣服改后供他们使用。由于搬运所有的家具和绘画器材要花费约 25 盾，他决定只把需要的带走。到达德伦特后，他发现这些东西是不够的。

“在刚开始的时候，我想尽量多关注一下这个女人，并拿出点钱给她，但是这种照顾会慢慢减少，画室不得不暂且弃用一段时间。原来储藏在阁楼角落里的东西继续留在那儿，等情况好转后再说。然后，我不背任何行囊，独自一

人远行去学习。”[第 380 号信，海牙，1883 年 9 月 2 日]

他在德伦特度过的几个月是凄苦的。他既没有足够的画具，也没有乐意摆姿势的模特，当地人不信任他。

“此外更重要的是，最近几天我一直在冷静思考着未来，以及绘画材料等装备的悲惨现状，有些最基本、最有用的工作本应去做，却不可能完成。我在此地已经很快发现了许多美景，如果做得到，我会请人帮我把留在海牙的东西送过来，把这里的小阁楼改造成一间画室（要多放些光线进来），或者再换个地方。然后我要更新和补充所有的装备。我希望这一次能真正彻底地干好，若找得到信任我的人，我最大的忧虑就可以减轻了。可是，要么全部依靠你，要么找不到信任自己的人，我的思绪就在这个圈子里转来转去，不见出路。一个无力自谋生路的画家，如果有时民众不给予他极高的信用，是难以存世的，这信用非但是画家的职业需要，鞋匠、木匠、铁匠这些职业也都需要，而且我相信是同等的，如果他们要以此立足或在其他行业确立地位的话。”[第 390 号信，霍赫芬，1883 年 9 月 26 日]

在文森特离开期间，西恩收拾起自己的东西，也从这个家拿走了她想要的东西。在乡间三个月后，文森特决定回父母亲处居住，他们当时已搬到尼厄嫩的牧师住所。他不是特别受欢迎，于是搬入一间外屋，同时提奥继续每月资助他 150 法郎。由于不必再为住宿或膳食付钱了，文森特便设法偿还父亲给自己做新衣和某些火车旅行的费用。他还需要偿还一些旧债。当母亲摔到臀骨的时候，文森特拿出了自己的收入，尽力不给人留下一种印象，仿佛他是家庭经济累赘似的。

1885 年 11 月，他动身前往安特卫普，此后转往巴黎，和提奥同住了两年多。

阿尔勒时期

1888 年 2 月至 1889 年 5 月

由于焦虑和厌倦了巴黎及其狂放不羁的生活方式，文森特萌念逃离城市生活，渴望去乡间一个可以得到恢复的地方。他向来讨厌北方的冬天，这一时期他不得不停止工作。他希望将太阳和光照带入作品中，把自己定位成一名现代艺术家，用强劲的笔法和绚丽的色彩来描绘南方风光。金钱始终是文森特的又一考量。他希望，南方的生活不会那么昂贵。

1888 年 2 月文森特移居阿尔勒时，他每月的津贴有了大幅度提高，提奥每个月寄给哥哥 220 到 260 法郎。靠 200 多法郎生活是绝对不成问题的。邮差约瑟夫·罗林后来成为文森特在阿尔勒的朋友，他每个月得靠 135 法郎来维持有三个孩子的家庭。

文森特收到的钱款，使他得以支付房租、每天外出吃饭、雇一名清洁女工和定期光顾妓院。艺术家的材料费，不在每月津贴的范围，文森特的大部分油画和素描用具是向提奥“定购”的。此外，酒、咖啡和烟斗都是他承担得起的。

抽烟和喝酒，对于他从周而复始的紧张工作中恢复过来是必要的。

“……但在那样长时间地作画之后，说实在的，我的头脑疲惫极了，如果要不断重复那样的工作——像在这样的收割季节里——我会变得彻底地心不在焉，无法料理许多正常的事务。每当这样的时刻，想到未来无需独处会让人不无欣慰。每当我想到自己煞费苦心地调和六种基本色——红、蓝、黄、橙、紫、绿，我就会常常想起蒙蒂切利，那位人称酒鬼和疯子的杰出画家。枯燥的工作与构思，使人的神经一直紧绷着，就像舞台上的演员要扮演高难度的角色——在短短半个小时的时间内要同时琢磨成千件事情。事后——唯一能带来慰藉和消遣的——就我而言——和其他人一样，就是喝一杯烈酒或猛烈地抽烟，以此麻痹自己。”[第 635 号信，阿尔勒，约 1888 年 7 月 1 日]

普罗旺斯的生活并不便宜，这一点与文森特的预期相反，也令他深感后悔。在南方的第一个月，他需要恢复体力和情绪。由于酗酒、过度抽烟和巴黎餐厅的廉价饭菜，他患上了胃病。良好的饮食对他是必不可少的，价格公道的也不易寻找。他在车站附近骑兵大道（Rue Cavalerie）的卡海勒餐厅旅馆（Restaurant Carrel）安顿了下来，每天的住宿费为 5 法郎。尽管价格相对较高，但是文森特并不满意。他没有要煮土豆、通心粉或米饭，却让侍者端来无助于改善身体状况的油脂性食物。

1888 年 5 月，文森特租下了以外墙颜色命名的“黄房子”右翼，每月租金 15 法郎。直到秋天，这四个房间成了画室以及储藏画作和器具的地方。新画室促使他离开了卡海勒餐厅，其主人对文森特将自己所有的画作撒得到处都是啧有烦言。他转而搬到了约瑟夫和玛丽·吉诺（Joseph and Marie Ginoux）经营的更廉价的火车站咖啡馆（Café de la Gare）。更换住宿每天让他节省 1 法郎，但是他现在每个月要为画室花 15 法郎。

在巴黎，凡·高兄弟讨论过各种计划，旨在帮助经济上苦苦挣扎的画家。通过共同努力推进现代艺术事业对他们来说是重要的，提奥愈益通过他的画廊为

凡·高
《玛丽·吉诺
（阿尔勒人）》
四幅
1890 年

当代艺术家提供平台。在文森特抵达阿尔勒后一个月，书信中开始出现为巴黎贫穷艺术家建立一个圣所的构想。“黄房子”非常适合这一用途，可以充当凭借情投意合的精神共同工作和生活的“南方画室”。兄弟俩希望为地位稳固的印象派画家以及不那么出名的艺术家创建一个艺术家协会。两个群体的艺术家将自己的画作提供给基金会，共享收益与损失。文森特在致朋友高更的信中写道:

“……让画家们联合起来，把作品交给画家协会，然后分享售画所得，没有比这更好的方法了，因为这样一来，协会至少能够保证其成员正常生活和创作的可能。如果德加（Degas）、克劳德·莫奈（Claude Monet）、雷诺阿(Renoir)、西斯莱(Sisley)和卡米耶·毕沙罗能主动站出来说：我们这五个人，每人拿出十幅画（或者，我们每人拿出价值10,000法郎的画，这些画可由特斯泰赫和你这样的专家成员来估值，而这些专家可由协会指定，且个人也以捐画的方式投入资金），并且，我们承诺每年拿出一定价值的画来。我们也邀请你们，纪约曼（Guillaumin）、修拉、高更等等加入我们（你们的画作也接受同样的估值）。如此一来，‘林荫大道’伟大的印象派画家们，通过捐出作品作为共同财产的方式，将得以保持他们的名望，别人也不能指责他们将印象派的声誉所带来的好处据为己有——诚然，这种声誉首先是通过他们自己的努力和个人天赋建立起来的——然而——其次要说的是，这种声誉的不断增长，也是离不开一整批画家的巩固和支持的，而这些画家一直努力工作，却总是赤贫如洗。”[第584号信，阿尔勒，1888年3月10日]

凡·高《黄房子（“街道”）》速写 1888年

文森特决心利用“黄房子”作为现代艺术家乌托邦社团的总部，发起了一场将它变为正规画室的运动。他想和另一位艺术家分享自己的住所，所以邀请他推崇备至的朋友和艺术家高更。高更一直在抱怨自己身体有恙和囊中羞涩，文森特便以提奥的经济资助为诱饵提出给予帮助。在文森特看来，像他这样的艺术家，既得到富裕弟弟的资助，地位又相对有保障，自有一种道义上的责任提携处境不那么幸运的同行。

“我不在乎自己的成就或者幸福，我在乎的是印象派画家富有活力的事业能否延续下去，我在乎的是他们能否找到遮风挡雨之所和一日三餐。而我拥有这些让我感觉是一种罪过，因为一样的开支可以供两个人生活。如果你是画家，你就会被当成是疯子或富翁。一杯牛奶花掉你 1 法郎，一片面包加黄油 2 法郎，而油画却卖不出去。因此，我们必须像古代的僧人那样团结起来。”[第 660 号信，阿尔勒，约 1888 年 8 月 13 日]

文森特相信，这是一个双赢的局面。拥有一个真正的家，可以在那里烹饪自己的饭菜，这对他们的身心健康都是有好处的。两位艺术家能相互激发灵感，在一起工作和彼此作伴。

“我呢，则为在自己一个人身上花费如此之多感到不安，但若要做出补救，唯一的办法就是找个有钱的老婆，或者一个可以在绘画上相互扶持的伙伴。我目前是无法遇到这种女人的，但却可以找到伙伴。”[第 616 号信，阿尔勒，1888 年 5 月 28 或 29 日]

虽然他的计划以灾难而告终，但分享同一幢房子是明智的。文森特估计，他们两人每个月可以靠 250 法郎勉强过活。高更获益多多，因为他不用为生活成本而犯愁，提奥不仅将接受文森特的所有作品，而且每月接受高更的一幅画。文森特的盘算貌似周全，但因高更滞留时间较短和他本人病倒，结果没能得偿所愿。当高更在三个月后离开时，雄心勃勃的整个事业遭到了抛弃。从文森特拼命准备“黄房子”时撰写的信到高更突然离去后寄出的信，语气嬗变只好作悲情的解读。

在整饬房子之前，他需要把自己的外表拾掇一番：“我买了两双鞋子，用掉了 26 法郎，还有三件衬衣，花了 27 法郎。这意味着尽管有了那张 100 法郎的钞票，我并不是腰缠万贯。但考虑到我以后要在马赛做生意，我肯定想穿得体面一些，并且我只想买质量好的东西。”[第 602 号信，阿尔勒，1888 年 5 月 1 日]

“但如果对你没有影响的话，下次寄给我 100 法郎吧，因为我也想像定制衬衣和鞋子那样让人做些抽屉，而且我必须把所有的衣服送去清洗并缝补好。

那样它们又会焕然一新了。这事要抓紧，以备我去马赛拜访别人。”[第603号信，阿尔勒，1888 年 5 月 4 日]

他还花费 20 法郎买了一件非常高档的黑色天鹅绒夹克，还有一顶新礼帽。他打算和高更一起到马赛做生意，想象着自己穿戴体面地和朋友一起散步。

“一旦我的朋友高更来到这里，我们就会去马赛。我很想去大麻田街（Canebière）逛一逛；因为我看过他的肖像，我要打扮得和他一模一样：一顶巨大的黄帽子，一件黑色的天鹅绒夹克，白裤子，黄手套，一根芦苇手杖，浑身透着一股浓浓的南方气息。”[第670号信，阿尔勒，约1888年8月26日]

文森特为高更到来所做的准备，可以与他在海牙为西恩和她家人物色房子时的大献殷勤相提并论。做事从都全心全意的文森特不希望“黄房子”只起遮风挡雨的作用，而是成为一个“别具特色”的画室。因此，他总共投资了 400 法郎，这些钱在他看来都是可以赚回来的。他意识到自己购买的有些东西并非绝对必需，却尽全力让高更有一种宾至如归的感觉，虽然他的朋友尚未承诺加入他的行列。

他先是向提奥借 300 法郎，期望着那样够他花销的了。不消说，这笔钱很快就全部用完了，文森特在短短的一天内花掉大约 250 法郎。他在日期标为 1888 年 9 月 8 日的信中感谢提奥把钱寄来，到了下一封信则声称身边只剩下 50 法郎。他承诺用合伙后省下的钱分期归还弟弟。对于购买两张床这一笔最大的开销，文森特显得不慌不忙：

“我还没能和家具商谈妥价格；找到了一张床，但价格比我预想的要贵。我觉得有必要在花钱买家具之前完成更多的习作。”[第611号信，阿尔勒，约 1888 年 5 月 20 日]

最后他还是让人定制了两张床。他不想将就着睡简陋的铁床，却委托定制了两张沉甸甸的双人床：一张核桃木的给高更，他自己则睡稍便宜的木床，以单价 150 法郎成交。正是这张床在《卧室》(见第 31 页)和信笺速写中占着显赫的地位。

此外，他还给房间配置了带五斗橱的梳妆台、镜子、大量的优质床用织品和更多的椅子。“黄房子”里的椅子总计不下 12 把，他认为这对接待客人是必要的。

书信中透露出艺术家的心态很不稳定。他在同一封信里可以写自己需要买一件家具，但又声称后悔买了它。他请求提奥在他花钱大手大脚的时候予以制止，但又因为储备短缺而拒绝退缩；大自然是如此的妙不可言，他需要利用不同的季节捕捉它最美轮美奂的瞬间。有时候，他期待自己能偿还他在阿尔勒期间甚或一生一世欠下的所有债务，但在其他时候又担心自己会永远也卖不掉一幅画。

文森特继续为房子配备家具，将它变成无愧于高更的画室，虽然后者还没有打定主意。他花 10 个法郎让人将房子里里外外油漆了一遍，感人地买来两个花盆装点前廊。花 1 个法郎让女佣每周两次进行打扫和清洗。然后他已经准备就绪，底楼的大炉子、玻璃杯橱以及油画和素描器具则例外。

与此同时，提奥收到了所涉费用的账单：

“……在高更到来之前，我还想再买些东西——具体如下：

带五斗橱的梳妆台	40 法郎
4 条床单	40 法郎
3 块画板	12 法郎
厨房炉子	60 法郎
镜框和画纸套框	50 法郎
颜料和画布	200 法郎

东西很多，没有什么必不可缺的东西，少了这些东西我们也能应付。”[第 694 号信，阿尔勒，1888 年 10 月 3 日]。朝思暮想的梳妆台和五斗橱，他只要花 14 法郎就能买到。准备把它放到高更的卧室里，但是如能搞到更好的，他就会把最好的那个放到高更房间里，自己则用较便宜的梳妆台。

此外，文森特还想用自己的画作点缀墙面，但它们的创作需要画布、画纸套框、颜料和画笔。他偏爱给画作配以镜框，为此又花去 15 法郎。他解释说，镜框对于作品的画龙点睛是必要的，以此证明这笔买卖是正当的。花费 25 法郎将煤气接进画室和厨房，这样他们冬天也有足够的光照，晚上也可以工作了。

文森特可怜的计划意味着：一封遗失的信件竟构成了灾难：

“你知道你今天寄来的这一笔钱我还剩下多少吗？唉，我还剩 6 个法郎。我要求你星期五寄给我，而我过了整整四天以后（星期一的中午）才收到你的信。”[第 699 号信，阿尔勒，1888 年 10 月 8 日]

信件耽误意味着他被迫靠咖啡和面包度日。割耳事件后在阿尔勒医院为他进行治疗的雷伊（Rey）医生后来得出结论：他的健康状况之所以糟糕，由咖啡与酒精构成的日常饮食难辞其咎。对文森特来说，工作总是比身体健康更为重要。他在几年前的信中写道他以生命为代价才成为一名艺术家：

“……我在长成小老头方面取得了快速进展，你要知道，如今又是皱纹，又是粗硬的胡须，又是假牙，不一而足。可是，那又怎么样呢？我有一份肮脏邋遢、不好驾驭的职业——绘画。如果当年不是像现在那副样子，我也不会拿起笔来画画，而现在既已如此，我也会经常画得津津有味，虽然我自己的青春早已成为令我颇感失落的往事之一，但我仍会通过创作多少散发着青春鲜活气息的绘画而一睹可能闪烁其间的岁月履痕。”[第 574 号信，安特卫普，1885 年 12 月 14 日]

1888 年 9 月，当文森特移居“黄房子”时，他对自己努力的成果感到欣慰。提奥的钱看来花得值当。在等待高更下决心的同时，除了画画从而花钱外，他别无选择。拥有足够的颜料和画布，创作大量的作品是生死攸关的，因为灵感枯竭或者肆虐的西北风造成不可能工作的日子终将来临。高更到达前的数月时光，被密集的艺术活动填得满满当当。正如他常在信中写的，他有可能要么成为一名出色的画家，创作颇丰，要么成为一名糟糕的画家。他走火入魔般地工作着，完成了一件又一件杰作。他自信满满地写道：

“我相信自己在做事的时候——甚至在生意方面——若手笔更大一些，与局限于小打小闹相比，成功的把握会更大。也正是因为这个，我考虑扩大我的油画的尺寸，大胆地使用正方形的 30 号画布。这样的画布在这里每幅要花掉我 4 法郎，考虑到运输成本，并不算贵。”[第 624 号信，阿尔勒，1888 年 6 月 12 日或 13 日]

保罗·高更 1889 年 11 月 10 日至 13 日间给凡·高的信

等待高更，无助于舒缓文森特的紧张神经。他唯恐他的朋友会感到失望，对他是否喜欢“黄房子”毫无把握。寓居南方有不利的条件，例如造成户外难以工作的西北风；狂风会掀翻画架，灰尘具有破坏性。他们俩还会没有太多的钱可以挥霍，所以他提醒高更该像和尚那样生活，只能两星期造访一次妓院。尽管他为将“黄房子”变成正规画室付出了艰巨努力，但假如高更要他同赴布列塔尼定居或者甚至宁愿独自一人侨寓海外，那么他做好了放弃的准备。

高更耍了一点欲擒故纵的把戏。他没有当即确信移居普罗旺斯比去海外更加有利，也无法离开他负债累累的布列塔尼。他乐意来阿尔勒的前提是：提奥为他支付旅费和偿还债务。提奥理应为一切买单，而高更则只字不提以画作回报的话，这让文森特在一开始颇感纠结。然而，他逐渐坚信他们在南方共同度过的时光，是一个需要不惜任何代价去追求的新时代的黎明。

文森特希望创作每幅值 100 法郎的绘画，以此来补偿提奥，但又意识到这一点很难办到。他估计少数画作如《向日葵》或《朗格洛瓦吊桥》(*Drawbridge of Langlois*) 可能值 500 法郎，但对自己画作的货币价值持矛盾态度。在情绪低落的时候，他担心自己的作品没有什么价值，或者带颜料的画布大概还不如不带颜料的画布值钱。在情绪较为乐观的时刻，他坚信找到一位销售商，尤其是对大自然感兴趣的人是可能的。如果他画的作品看来像是有价值的，而那种价值又等同于它耗费的成本，那么他就不会感到如此愧疚了。

据文森特计算，提奥资助他的钱款已达到大约 15，000 法郎："你看，我画好的一幅画要比一块空画布值钱。——我不会自命不凡——相信我——我作画的权利，我作画的理由，这两样我确实都有！我所要付出的代价就是身子骨垮掉——为了考虑如何生存、怎样生活而几乎崩溃的头脑——还要像慈善家一样活着。你要付出的就是已经预支给我的资金，就算是 15，000 法郎左右吧。"[第 645 号信，阿尔勒，约 1888 年 7 月 22 日] 据信提奥在哥哥身上花费了 17，500 法郎，他的花销不会离这个数目太远。

他想在高更到达之前备足颜料，所以很多时间是在画素描中消磨掉的。"说到用纸——如果不是用来写信而是用来画素描——我几乎不会犯错：用了这么多的图画纸，画了这么多的素描。我想，我若有钱就不会像现在这样花费那么多了。"[第 638 号信，阿尔勒，1888 年 7 月 9 日或 10 日]

文森特在订购用品或处理供应商的账单时十分谨慎。举例来说，他收到一名巴黎供应商从阿尔勒邮局寄来的提货单，便要求提奥核对一下发票，看看邮资是否包含在内，因为他不想重复付两次钱。手头没有余钱的时候，他会不贴邮票将画作寄给巴黎的提奥，但一定会问清运费是多少，建议提奥在收到包裹时若遭敲诈就提出控告。

文森特的工作，始终是他的首要优先考虑。他在 1888 年 8 月 3 日前后写信给提奥称无力支付房租，因为他需要雇模特画整整一个星期，他觉得这件事更加要紧。有些模特儿摆姿势分文不取，譬如他的邮差朋友约瑟夫 · 罗林，但花销同样很大，因为文森特常为他们的饮食买单。

提奥终于成功地对高更作了安排：每个月支付 150 法郎，外加在"黄房子"的住宿，每个月交换一幅画。当高更终于在 1888 年 10 月 23 日抵达时，先前一直哀叹体质衰弱的他，看上去要比工作过度而病倒的主人更加神采奕奕。事情有了良好的开局，提奥设法以 510 法郎售出高更的一幅画。文森特身心俱疲，但是继续工作，发现南方的秋日景色美不胜收，非画笔所能摹写。

他们的创作非常高产，除了白天画画外，晚上也借助屋内的煤气灯彻夜工作。

凡·高《朗格洛瓦吊桥》1888年

至于我创作的进展，我今天带回了一幅15号油画，上面有一座吊桥，桥上一驾小马车从中穿过，轮廓背景则是一片蓝天——河水也是蓝的，橙色的河岸长着泛绿的草儿，还有一群身着罩衫、头戴彩帽的洗衣妇。［第585号信，阿尔勒，约1888年3月16日］

有时候，朋友俩各买各的颜料，各备各的画布，这样要比从巴黎订购便宜。此外，他们还通过自制画框以节省开支，每个只要5苏（旧法国铜币）。他们在家里准备饭菜，高更被证明是一名身手不凡的厨师。一个月以后，文森特向提奥报告称：他们各自靠150法郎生活，日子过得比他独自一人靠250法郎生活更加舒服。从经济角度看，事情似乎发展得很理想。

到了秋季，文森特决定将夏尔勒·拉瓦尔和埃米尔·贝尔纳也纳入他的“南方画室”计划。为了让他的艺术家朋友德·哈恩和伊萨松跟他们待在一起，文森特在没有告知提奥的情况下租了两个后来一直空关的小房子。从1888年12月起，每月租金提高到21.5法郎。然而事实证明，与高更的合伙是变化无常的，两位艺术家多次就艺术和审美问题展开热烈的辩论，比方说对自然写生和凭记忆创作究竟哪个更可取。

1888年12月12日，高更要求提奥把自己画作的部分售款寄给他。他们不可能继续一起生活，他们的性格水火不容，他们的工作需要安宁。

在高更离开前，两位艺术家发生了激烈的争吵，严重扰乱了精神状态原本就不稳定的文森特，导致了令他声名狼藉的割耳事件。文森特最终被送进医院，高更甚至没有去探望一下他，便在次日离开，撇下了他那位伤势严重和精神失常的朋友。“南方画室”的梦想生生地夭折了。文森特陷入了绝望境地，几乎看不到灾难性失败后身体康复有何意义，再说他把所有的钱都耗费在房子上了。

住进医院后，他获准重返了一次“黄房子”，这是一次艰难而代价高昂的经历，不得不雇人清洗血迹斑斑的亚麻织品和付清各种修理费。文森特要求弟弟把高更花掉的钱还给他，并为他留给家里的“烂摊子”支付费用。

文森特精神失常的噩梦在继续。由于经阿尔勒80名公民签名的请愿书，他最终被关进一个私人单间病房，感到还是进圣雷米的精神病院为好。他没有勇气向房东提安装煤气的事，只是草草地付清房租就离开，将自己所有的画作寄给提奥，家具则以10法郎为代价搬到吉诺家里。他建议提奥继续每月寄他150法郎，这个数目看来是不够用的，但在那种情况下也只能勉强凑合。

1889年1月，他仍处于从精神病发作中恢复的阶段，这时提奥要求他就年度开销作一明细陈述。这也许是因为提奥打算结婚的计划，意味着他得租赁更宽敞的巴黎公寓和为之配备家具，以及雇佣一名女仆。他还得从唐居伊老爹那里租个阁楼以储藏哥哥的一些画作。对文森特而言，这件事不仅难以做到，而且来得让人痛苦，来得不是时候。

“但怎么办呢？不幸的是有诸多复杂的因素，我的油画一文不值，却花费不菲，这就是事实，有时甚至让我费尽心血。我不会老调重弹，你希望我说什么呢？不管怎样，让我们回到当下的月份，只谈钱的问题。

在 12 月 23 日，我的钱箱里还有 1 个金路易（法国金币）和 3 个苏。那是我收到你那张 100 法郎的钞票的同一天。

以下为开支明细：

委托罗林支付女佣 12 月份的工资	20 法郎
同上 支付 1 月份两周的费用	30 法郎
付给医院	21 法郎
付给包扎伤口的护士	10 法郎
回到这里后付钱买了一张桌子、一个煤气取暖器等，是我一直借用并赊欠的物品	20 法郎
支付雇人清洗所有被褥和沾血的床单等费用	12.5 法郎
若干购物，例如一打画笔、一顶帽子等等，就算是	10 法郎
	103.5 法郎

如此，在我离开医院那一天或者在这之后的那一天里，不知不觉中在我这边我们就已经花去了 103.5 法郎，需要补充一点，由于彻底放宽了心，无需担心病痛再度来袭，我和罗林兴高采烈地下了馆子。总之，所有这些导致我在 8 号左右就已口袋空空。但一两天后我借了 5 法郎。我们才勉强拖到 10 号。我原本希望在 10 号左右收到你的来信，但信到了今天、也就是 1 月 17 号才送达，其间经历了一段最严格的禁食，更痛苦的是，我无法在这种环境中恢复健康。"[第 736 号信，阿尔勒，1889 年 1 月 17 日]

尽管文森特依然信奉艺术社团的构想，但他愿意待在精神病院，条件是花费不超过 80 法郎，希望医生准许他啜饮半升而并非 1/4 升的葡萄酒。禁闭期间的实际费用每个月将近 100 法郎。由于他不想成为提奥的累赘，所以提出要加入外籍军团。提奥猜测到哥哥计划背后的理由：

"总而言之，这个念头源于你过于担心给我造成的花费和麻烦，因此产生了不必要的烦躁情绪。从钱的角度讲，我去年过得不算糟，因此你不用顾虑太多，也无需担心拖累我，要相信我会像以前一样给你寄钱。"[第 766 号信，圣雷米，1889 年 5 月 2 日]

在圣雷米的精神病院，无需为金钱操心，因为一切都是由社会公共机构承担的。查阅账本不难看出，为文森特的生存买单的仍然是提奥，他们的妹妹丽丝和威尔也承担了一些治疗费用。这或许是因为，提奥的婚姻意味着他不再拥有同样的财政自由。文森特虽然忍受着癫痫发作的苦楚，想到未来就恐惧得不

凡·高《高更的椅子》1888 年

凡·高《凡·高的椅子》1888 年

能动弹，但至少不必为饮食和遮风挡雨而发愁。

他感到无所适从，加之作品卖不掉的事实，进一步折磨着他。画画使他感到自己还活着，但画画需要的资金成了心生巨大愧疚的根源。文森特对提奥的感激之情，渗透于他的大多数书信：

“……然而我总是为画家无法通过努力创作而变得富有感到遗憾——事实正好相反。”[第 626 号信，阿尔勒，1888 年 6 月 16 日和 20 日] 提奥在作画材料上花了大笔的钱。在 1889 年 6 月到 1890 年 7 月这一年间，他投向巴黎塔塞特与洛特美术材料公司（Tasset et L'Hote）以及唐居伊老爹的开销，分别超过了 90 万法郎和 38 万法郎。

文森特责怪自己在经济上拖垮了提奥。“我经常感到很郁闷，因为画油画就像包养一名败家的情妇，她一直都在花钱，没完没了地花，怎么花都不够……”[第 630 号信，阿尔勒，1888 年 6 月 23 日] 提奥竭力一再向文森特保证：哥哥既通过他的工作，也通过比自己拥有的全部金钱更值钱的手足之情，数倍偿还给他了。[第 762 号信，圣雷米，1889 年 4 月 24 日]

“它们（画作）现在没有市场，这使我担心你也会受到折磨，但如果你不会因为我颗粒无收而过于拮据，我基本上是无所谓的。但在钱的问题上，我已经完全意识到这一点，如果一个人活到 50 岁，每年花费 2000 法郎，一生花了 10 万法郎，那么他必须也要赚进 10 万法郎。作为一个画家，一辈子要画 1000 幅以 100 法郎为代价的油画是非常、非常、非常困难的，但即使油画价格到了 100 法郎……依然如此……我们的担子有时会非常沉重。但我们无法改变这个事实。”[第 712 号信，阿尔勒，约 1888 年 10 月 25 日]

提奥对哥哥的忧虑作出了感人肺腑的回应，值得连篇累牍地予以引述：

“就我而言，钱的事情、卖画和整个经济上的问题似乎并不存在，或者更确切地说，这些问题就如疾病一般存在。……对由此而来的变故做好预防，但不要为此急出病来。近来你对它想得过多，即便没有出现变故的征兆，你也会因此饱受折磨。我所说的变故是指贫困；因此，为了避免贫困，你必须小心谨慎，切勿过分操心，尽量避免其他疾病。你谈到你欠我钱并希望偿还与我。我不知道有那样的事。我希望你能做到永远都不会有那种顾虑。我必须工作赚钱。既然我们两人并不富裕，我们一定不能负担过重，但在此前提下我们仍能支撑一段时间，即便不把这个或者那个卖掉。如果你感觉有必要为自己创作一大批画，好，开口便是，我相信我们无论如何都能维持下去；但是我不理解为何要盘算着画那么多价值 100 法郎的油画，如果我们希望它们能值 100 法郎，它们就会分文不值，因为这个可耻的社会只会站在不需要它们的那些人的一边。但既然如此，让我们也这样去做，说我们也不需要它们。有备不就无患了吗？如果你愿意，你可以为我做点事情，即像过去那样，为我们创造一个画家和友人的圈子，这是我凭借一己之力根本做不到的事情，但你去了法国之后却在某种程度上做到了。当我们无法像现在这样继续工作时，如果有画家们带路，其他人就会在我们需要他们时跟随，难道不是吗？我本人对此坚信不疑。当听到你说要拼命工作，因此感觉自己从未活过，你不知道我的内心是多么悲痛。首先，我认为那样说是不对的，因为事实上你是活着，并且活得犹如伟人和贵族。但求求你，让我及时了解情况，如此我才不会觉得你因为一片面包都吃不上而贫病交加。”[第 713 号信，阿尔勒，1888 年 10 月 27 日]

虽然人们对文森特可能死于意外一直争论不休，但是疑问始终挥之不去。文森特身体抱恙，缺少成功和经济上依附提奥更是压得他不堪重负。

他在最后时日的一封信里写道：

“我们觉得每日的伙食都朝不保夕，这可是件大事。另一件大事则是我们觉得除了口粮问题之外，还有别的原因让自己的生存举步维艰……我通常都努力保持很好的脾气，但我的生活也从根本上遭到打击，我还变得步履蹒跚起来。我害怕——并不完全——但也有点这样的感觉——我对你来说是个危险人物，我靠着你生活。”[第 898 号信，奥弗，约 1890 年 7 月 10 日]

在文森特逝世后近两个月，提奥的身体和精神也濒临崩溃，死时没有留下遗嘱。他的母亲、姊妹和妻子放弃了她们对文森特全部作品的继承权，这使提奥出生 18 个月的儿子文森特·威廉得以成为这笔价值数百万遗产的唯一继承人。

文森特·威廉肖像

图书在版编目(CIP)数据

凡·高的秘密 / (荷) 欣克著; 何积惠译. —上海 : 上海书画出版社, 2015.5

ISBN 978-7-5479-1002-3

Ⅰ. ①凡… Ⅱ. ①欣… ②何… Ⅲ. ①梵高, V. (1853~1890) -生平事迹 Ⅳ. ①K835.635.72

中国版本图书馆CIP数据核字(2015)第100458号

凡·高的秘密

〔荷〕莉丝贝瑟·欣克 著 何积惠 译

责任编辑 眭菁菁 张雨婷
审 读 朱莘莘
责任校对 郭晓霞
整体设计 岳文婧
技术编辑 杨关麟 包赛明

出版发行 上海世纪出版集团
上海书画出版社
地址 上海市延安西路593号 200050
网址 www.ewen.co
www.shshuhua.com
E-mail shcpph@163.com
制版 上海文高文化发展有限公司
印刷 上海画中画包装印刷有限公司
经销 各地新华书店
开本 787×1092 1/18
印张 9
版次 2015年5月第1版 2015年5月第1次印刷

书号 ISBN 978-7-5479-1002-3
定价 39.00元